VINGT-NEUF ANS
SOUS L'ÉTOILE POLAIRE

SOUVENIRS DE VOYAGES

Deuxième Série

LE RENNE

FINLANDE — LAPONIE — ILES D'ÅLAND

PAR

LÉOUZON LE DUC

M. DREYFOUS ÉDITEUR, 13 rue Faubᵍ Montmartre, PARIS

VINGT-NEUF ANS SOUS L'ÉTOILE POLAIRE

Souvenirs de voyages

DEUXIÈME SÉRIE

LE RENNE

Souvenirs de voyages

DEUXIÈME SÉRIE

LE RENNE

FINLANDE — LAPONIE — ILES D'ÅLAND

PAR

L. LÉOUZON LE DUC

PARIS

MAURICE DREYFOUS, EDITEUR

13, RUE DU FAUBOURG-MONTMARTRE, 13

—

Tous droits réservés.

DEUXIÈME SÉRIE

LE RENNE

FINLANDE. — LAPONIE. — ILES D'ALAND

CHAPITRE PREMIER

Paris à Helsingfors

Mon premier séjour en Finlande. — Helsingfors. — Détails statistiques. — Aspect de la ville. — Singulier mode d'éclairage. — Le comte Moussine Pouschkine et sa famille. — Mme Aurore Demidoff. — Treskenda et son lit pyramidal. — Fin de la villégiature. — Retour en ville. — Luxe des maisons en bois. — Mes fonctions officielles et mes études personnelles. — Soirées intimes. — Le vieux baron et le *Dictionnaire de la conversation*. — Souvenir tragique. — La tabatière à face de cadavre. — La comtesse Pouschkine et sa sœur. — Le diamant de Mme Demidoff. — Son histoire vraie. — Moyen d'échapper aux soirées ennuyeuses. — Théâtre de société. — Organisation d'une troupe à la française. — La haute société sur les planches. — Dîner d'acteurs chez le comte Armfelt. — Mes travaux sur la langue et la littérature finnoise. — Fête de Noël à la mode de Finlande. — Souper national. — Cadeaux symboliques. — Le mystère de l'Etoile. — Un colonel qui fait de la tapisserie. — Le divorcé au désespoir.

— La comtesse d'Otrante. — Curieuse négociation matrimoniale. — Le jour de l'an en Finlande. — Un spectre en plein bal. — Le général Saturne. — Fête des Rois. — Le royaume de Cocagne. — Cour fantastique. — Susceptibilité finlandaise. — Menace de duel. — Billet d'excuses. — Horrible hiver. — Les loups en ville. — Parties de traineau. — Excursion à Vjurila. — Succès du lit parisien. — Un poney ombrageux. — Soirées littéraires. — Le tapis platonique. — Naïveté et badauderie.

C'est au mois de septembre 1842, que j'arrivai pour la première fois en Finlande. J'y restai deux ans. Depuis, j'y ai fait bien des voyages, mais mes souvenirs préférés sont toujours ceux que m'a laissés mon premier séjour dans son intéressante capitale. J'étais fort jeune alors, je venais de Paris ; et je tombais précisément au milieu d'une société éclatante de jeunesse et raffolant de Paris.

Helsingfors qui, sous la domination suédoise, n'était qu'une ville secondaire du Grand-Duché, a pris, depuis la conquête russe, le titre de capitale. Aucun titre n'est mieux justifié. Helsingfors, en effet, s'est agrandi et développé à vue d'œil. Tandis qu'en 1842, il n'avait que 15,000 habitants, il en compte aujourd'hui 35,000. Accroissement rapide qui, du reste, en dépit de l'âpreté du climat et des circonstances les plus adverses, semble être la condition normale de toute la Finlande. En soixante ans, sa population a sauté d'un million à deux millions; le tout réparti sur un espace de 375,000 kilomètres car rés, soit un peu plus de cinq kilomètres carrés par chaque habitant. Les Finlandais, on le voit, peuvent croître et multiplier, sans avoir à craindre que la terre leur manque, et, vu leurs progrès économiques, que leurs rejetons meurent de faim. Dirai-je, pour assaisonner ce récit d'un peu de statistique, que le Grand-Duché de Finlande est situé entre le 60° et le 70° degré de latitude nord, le 38° et le 50° degré de longitude est de l'Ile-de-Fer ; que son point le plus septentrional est Rajala, à vingt-cinq kilomètres de la Mer glaciale, et son point le plus méridional, le gigantesque promontoire de Hangö. Entre ces deux points, la distance est de 1,230 kilomètres.

On rencontre en Finlande une population assez bigarrée. Habitants de langue finnoise, 1,700,000 ; habitants de langue suédoise, 290,000 ; Russes, de 6 à 7,000 ; Allemands, de 12 à 15,000 ; Tziganes errants un millier ; Lapons, de 6 à 700. Quant à la religion, le luthéranisme domine ; sauf environ 37,000 Grecs orthodoxes, et 5 ou 600 catholique romains, il occupe la totalité du pays. On y compte aussi une centaine de Mahométans, 4 ou 500 Juifs. Remarquons que les Juifs n'ont pas le droit de s'y faire naturaliser. Cela tient à une vieille loi d'ostracisme datant du régime suédois, et dont l'intolérante orthodoxie des conquérants moscovites n'a pu songer, évidemment, à provoquer l'abrogation.

Vu de la mer, Helsingfors offre un aspect superbe. Sa rade, profonde de trente pieds, s'ouvre aux lourds vaisseaux de guerre de même qu'aux navires marchands du plus fort tonnage. Une vaste place la domine, bordée de maisons hautes et blanches et prolongée par une esplanade, qu'ombrage en été une riche verdure. Le palais impérial aux grilles couronnées d'aigles, l'obélisque de granit érigé à l'impératrice Élisabeth, femme d'Alexandre Ier, l'hôtel du gouvernement et, plus en deçà, sur un plateau isolé, la caserne de la garde finlandaise, donnent à cette partie du panorama un caractère officiel. A l'est de la rade, il reprend sa libre allure.

Là se détachent de tous côtés de jolies villas aux formes variées et bizarres; là s'élève la maison de bains, si joyeusement habitée pendant l'été; l'édifice de l'observatoire, dont la triple tour braque ses instruments au loin, sur la mer; les chantiers maritimes pleins d'animation et de bruit; et au-dessus de ces monuments, émergeant d'une plate-forme de granit gigantesque, l'église de Nicolas, dressant vers le ciel ses cinq dômes bleus, émaillés d'étoiles d'or.

Quand on pénètre dans l'intérieur de la ville, le charme qu'on avait ressenti d'abord s'amortit peu à peu. Les rues sont larges, tirées au cordeau, mais le plus souvent âpres, montueuses et pavées, comme dans toutes les villes du Nord, de petits cailloux aigus qui fatiguent horriblement les piétons et crient à briser l'oreille sous la roue des équipages. Peu de trottoirs; l'asphalte ne résisterait pas au climat et les dalles en pierre dure que l'on est obligé de faire venir d'Esthonie coûtent cher. Depuis 1860, Helsingfors est éclairé au gaz. Lors de mon premier voyage, on s'en rapportait aux habitants, chargés d'entretenir un réverbère par quatre maisons. A onze heures sonnant, c'est-à-dire au moment où la lumière devient le plus nécessaire, tous ces réverbères étaient impitoyablement éteints. Les gens qui n'avaient pas de voiture y suppléaient en se faisant précéder d'un domestique armé d'une lanterne.

Pourquoi étais-je venu en Finlande ? On m'y avait offert une place de *gouverneur* dans la famille d'un opulent seigneur russe, le comte Moussine-Pouschkine, qui y résidait depuis plusieurs années. Il s'agissait de faire l'éducation de ses deux fils, dont l'un avait dix ans, l'autre douze. Tâche peu conforme, je ne dirai pas à mes aptitudes que je jugeais fort suffisantes, mais à mon caractère avide de liberté et d'indépendance. J'hésitai d'abord, puis j'acceptai : il me parut original d'émigrer, moi Français, dans cette région mystérieuse que l'on appelle la Finlande.

On m'a raconté que le comte Pouschkine y avait été exilé en 1825, pour avoir trempé quelque peu dans la conspiration contre l'empereur Nicolas. Je dis on m'a raconté, car le comte ne m'en a jamais parlé ; sur ce point, il était plus que discret. En tout cas, cet exil n'avait rien de très-rigoureux ; je crois même qu'au bout d'un certain temps il fut levé, et si le comte restait encore en Finlande, c'est qu'il le voulait bien.

Il avait épousé une jeune fille noble du pays, Mlle Émilie Sjernwald, sœur de Mme Aurore Demidoff (1). Quatre enfants étaient nés de cette union : deux garçons, et deux filles âgées alors de six et de deux ans. Famille charmante, dont les attentions ne tardèrent pas à me faire regretter l'hésitation que j'avais mise à me rendre à son appel.

Le comte vint au-devant de moi jusqu'au port. J'arrivais seul ; nous ne nous étions jamais vus ; nous nous reconnûmes, cependant ; et bientôt, en légère calèche, nous roulions vers la campagne où il passait l'été. La comtesse et ses enfants nous attendaient ; les petites, flanquées de leur gouvernante allemande, une longue et sèche personne, aux cheveux plaqués, à l'air pédant et maussade. Celle-ci me jeta un regard louche et ne dit mot ; elle était jugée; quelques jours après, on la mettait délicatement à la porte.

On fêta joyeusement mon arrivée; on causa de Paris ; on causa surtout de mon voyage qui avait été des plus accidentés. Je racontai l'effroyable tempête, qui m'avait assailli près de l'ile de Hogland, tempête dont j'ai déjà parlé dane un précédent volume (2).

____

(1) Mme Aurore Demidoff, mère de M. Paul Demidoff, prince de San-Donato, si brillamment connu à Paris, a épousé en secondes noces, le colonel Karamsine, tué en 1855, au siége de Silistrie. Son frère, M. Émile Sjernwald, homme instruit et distingué, a succédé au comte Alexandre Armfelt, comme ministre d'État de Finlande, résidant à Pétersbourg.

(2) Voir *l'Ours du Nord*, page 148 et suivantes.

Le soir assez tard, je me retirai avec mes élèves dans
l'appartement qui nous était destiné ; mon rôle de
gouverneur commençait.

Je l'inaugurai en donnant trois jours de congé aux
garçons. Il fut décidé qu'on irait les passer chez
Mme Demidoff, à sa jolie villa de Treskenda, située
à quelques verstes. Nous y trouvâmes une hospitalité
empressée ; mais, pour moi, du moins, plus luxueuse
que confortable. On m'affecta, comme logement particulier, la petite maison de bains, séparée de l'habitation principale par un parterre de fleurs, un vrai
bijou. La pièce importante, transformée en chambre
à coucher, était tendue de riches guipures sur satin
bleu ; une toilette assortie rayonnant d'argent et de
vermeil ; les sièges à l'avenant. Quant au lit, il était
dressé sur la baignoire masquée par une draperie.
Quel lit ! Pas de sommier, ni de paillasse, deux matelas en crin piqués, durs comme du bois. Par exemple,
des draps en fine batiste et trois oreillers bordés
de dentelles. Je ne fermai pas l'œil de la nuit ; le matin, j'étais moulu.

— Eh bien, monsieur, me demanda au déjeuner
Mme Demidoff, avez-vous bien dormi ?

Je la regardai en souriant.

— Je comprends, fit-elle, vous n'êtes pas encore habitué à nos lits russes, ils sont durs, n'est-ce pas ?

— Oh ! très-durs.

— Ne vous inquiétez pas ; j'aviserai.

Le soir, quand je rentrai dans ma chambre à coucher, la hauteur du lit me frappa ; il touchait presque

au plafond. Le domestique chargé de mon service n'avait rien trouvé de mieux, pour se conformer aux ordres qu'il avait reçus, que d'y ajouter trois autres matelas absolument semblables à ceux qui le garnissaient déjà. Cinq lourdes planches superposées ! N'importe ! Escaladant un fauteuil surmonté d'un tabouret j'atteignis le sommet ; et là, m'étalant sur deux des oreillers arrangés en lit de plumes, ce que je n'avais point songé à faire la veille, je m'endormis d'un sommeil de plomb.

La fin de septembre approchait. Une pluie persistante et froide rendait la campagne insipide. Les astronomes, d'ailleurs, prédisaient, pour cette année, un hiver précoce et exceptionnellement rude. Nous rentrâmes en ville.

Le comte Pouschkine habitait à Helsingfors, dans une des plus belles rues, une grande maison en bois à un seul étage qui, avec sa cour intérieure et ses dépendances, formait un véritable îlot. Une autre maison de dimension moindre s'y trouvait enclavée. Je m'y établis avec tous les services de mon gouvernement.

Ces maisons en bois sont admirablement appropriées au pays ; je les préférais de beaucoup aux maisons en pierres ou en briques. Ces dernières, quoiqu'on fasse, conservent toujours une certaine humidité. Les maisons en bois, au contraire, sont sèches et salubres ; elles sont de plus d'une solidité à toute

épreuve; j'ai visité une de ces maisons construite, il
y avait plus d'un siècle, que l'on travaillait à démolir : la hache se brisait contres ses poutres, le fer
seul put en avoir raison.

Extérieurement, il est vrai, les maisons en bois
n'ont rien de monumental; mais l'intérieur se prête,
autant que dans nos meilleurs appartements du midi, à
tous les raffinements du confort et du luxe. Sous ce
rapport, la maison Pouschknie était remarquable.
Ce qui la distinguait surtout, c'était une prodigalité
de verdure et de fleurs; chaque pièce était un bosquet où l'on voyait s'épanouir les espèces les plus
rares. J'avais aussi de la verdure et des fleurs chez
moi : dans mon salon, dans mon cabinet et jusque
dans ma chambre à coucher; car mon installation
était complète; rien n'avait été négligé pour que
Helsingfors ne me fit point trop regretter Paris.

J'avais pris mes fonctions de gouverneur au sérieux,
décidé à les remplir consciencieusement. Tout d'abord,
sans y songer, je débutai par un coup de maitre. Le
comte m'avait demandé, pour ses fils, un plan général d'études; je le rédigeai en latin. La comtesse
invita un des professeurs les plus distingués de l'université à le lui traduire. Il trouva le latin excellent et le répéta dans toute la ville. Ma réputation
était faite, mon autorité désormais établie.

J'en profitai pour organiser mon service à ma
guise. J'enrôlai divers maitres : maitres d'agrément,
maitre de suédois et d'allemand, maitre de russe,
ces deux derniers à demeure, et ce que les Russes

1.

appellent un *menin* pour mener promener les enfants. Je dirigeais tout ce monde de haut, me réservant
seulement les leçons de français, que je donnais trois
fois par semaine. Ces leçons étaient très-goûtées ;
la comtesse, qui parlait notre langue avec la correction et l'élégance d'une parisienne, y assistait souvent.
L'aînée des petites filles s'y glissait aussi. Elle grim-
pait sur mon épaule, et de là écoutait religieuse-
ment. Parfois, dans son joli langage, elle m'adressait des questions drôles.

— N'est-ce pas, cher monsieur, me demanda-t-
elle un jour, que la peste est une maladie *très-mou-
rante ?*

Ainsi j'avais beaucoup de temps à moi. Cela me
permit de me livrer à mes travaux personnels : j'é-
tudiai la langue, la littérature, les mœurs du pays ;
je fréquentai les cercles académiques et les salons
mondains, préparant dès lors, sur place, les ouvrages que je comptais publier à mon retour en France.

Les classes sociales en Finlande sont rigoureuse-
ment tranchées. La noblesse y comprend, tant
hommes que femmes, environ 2,800 membres ; le
clergé et le corps enseignant 7,000 ; la bourgeoisie
et les notables 45,000 ; ajoutez 1,650,000 paysans
et 200,000 non classés.

Bien que, par caractère et pour le besoin de mes
études, je visse indifféremment toutes les classes, je
n'avais cependant de rapports réguliers qu'avec la
haute société. Elle menait une vie assez retirée ; douze
ou quinze maisons seulement recevaient, ce qui faisait

que, presque chaque soir, on se retrouvait avec les mêmes personnes, cinquante, cent, deux cents, tout au plus. Comme l'hiver est long en Finlande, on ne se presse pas de lancer ses invitations ; on se borne en attendant à des visites et à des soirées intimes.

Nous les passions dans l'appartement de la comtesse ; quelques amis venaient se joindre à la famille. Un des plus fidèles était le vieux général baron Klinkowström ; je n'ai jamais connu de langue mieux pendue. Sa jeunesse s'étant écoulée à la cour du roi de Suède, Gustave III, cour célèbre par ses excentricités et ses folies, il en avait rapporté quantité d'anecdotes qu'il racontait avec une verve intarissable. Habituellement, vers le milieu de la soirée, il abordait quelque sujet sérieux : philosophie, religion, science, qu'il semblait traiter avec compétence. On s'en étonnait, car, malgré tout son esprit, le baron était l'être le plus superficiel du globe. Soupçonnant le truc, je l'épiai, et maintes fois, je pris l'habile homme en flagrant délit. Avant de se rendre dans le monde, il s'inoculait un article du *Dictionnaire de la Conversation*. Avis aux têtes creuses !

Quand sonnait minuit, le baron pâlissait ; on voyait qu'il était mal à l'aise. Souvenir d'un événement tragique qui avait assombri les beaux jours de sa vie. Ayant séduit une jeune fille de bonne famille il l'abandonna. Celle-ci, au désespoir, vint l'attendre un soir de juillet, sur un pont de Stokholm qu'il devait traverser à la tête de son régiment, au retour d'une revue. Au moment où il parut montant un fringant cheval, elle se mit à genoux lui tendant des mains suppliantes, il la repoussa. Affolée, la jeune fille se précipita, en poussant un cri déchirant, dans le torrent. Il était minuit. Depuis, le baron n'avait jamais pu rester seul à cette heure. Le spectre de l'abandonnée lui apparaissait, éveillant en lui des remords qu'il s'efforçait en vain de secouer.

Un autre personnage, que nous voyions aussi fréquemment, c'était M. d'Ernström. Ancien habitué, comme le baron, de la cour de Suède, il avait quatre-vingt-deux ans ; mais il était admirablement conservé ; solide d'esprit et de corps. Affilié, plus ou moins au complot qui avait abouti à l'assassinat de Gustave III, il s'était exilé, de lui-même, en Finlande après la mort du roi. Il menait une vie studieuse et réfléchie ; il écrivait ses mémoires.

J'ai beaucoup appris dans mes entretiens avec lui. M. d'Ernström portait à Napoléon une haine farouche et n'en parlait qu'avec un mépris mêlé de colère. Sa tabatière en or était encerclée d'un médaillon où l'empereur était représenté, le visage en ossements de cadavres humains ; la poitrine couverte d'un crachat en toile d'araignée, l'araignée au milieu tendant ses filets sur l'Europe. « Le seul vrai portrait du César, » me disait le vieux gentilhomme. A l'intérieur du couvercle il avait fait ciseler en émail noir ces vers publiés en 1814 :

Celui qui dévora de nombreux bataillons,

Qui nagea dans le sang, qui vécut dans le crime,
        N'a de reste que six millions,
        Ce n'est pas un sou par victime.

Nos soirées étaient des plus paisibles. On causait,
on lisait, on jouait aux petits jeux ; quelques dames
brodaient. A chaque instant, j'étais mis sur la sel-
lette : il me fallait raconter Paris. Mme Demidoff qui,
après avoir quitté sa campagne de Treskenda devait,
avant son départ pour Pétersbourg, sa résidence d'hiver, rester cinq ou six semaines chez sa sœur, était la
reine de ces soirées. Elle assaisonnait nos causeries de
son esprit fin et délicat, mordant aussi. Par occasion
je la provoquais, et elle me donnait alertement la
réplique ; ne se fâchant jamais, même lorsque je me
montrais un peu vif.

La comtesse en était presque jalouse.

— Vous taquinez ma sœur, me dit-elle. C'est très-
amusant ; taquinez-moi donc, à mon tour, pour voir
si j'ai aussi bon caractère.

Un jour que nous dînions en petit comité et que,
par extraordinaire, le dîner servi à la suédoise était
d'une fadeur tout à fait nationale, je fis très-osten-
siblement la grimace.

La comtesse me regarda étonnée.

— Savez-vous, comtesse, lui dis-je, ce qui manque
à votre dîner ?

— Non, mais veuillez me le dire, répondit-elle
d'un ton piqué.

— Il manque à chaque plat une clochette avec un

son approprié à la sauce; on pourrait ainsi distinguer ce que l'on mange.

La comtesse se mordit les lèvres.

Après le diner, nous passâmes au salon où elle se mit à son piano, sur lequel elle promena ses doigts avec une agitation fébrile. Je m'appuyai contre l'instrument, la regardant d'un air narquois.

— Mais, Monsieur, croyez-vous que je joue pour vous amuser?

—Aussi, madame, je vous assure que cela ne m'amuse pas du tout.

Elle se leva brusquement et gagna son boudoir, je la suivis; elle se jeta sur un canapé; je me jetai sur un léger fauteuil de fabrique indigène, apporté la veille. Un des pieds cassa, et je roulai sur le tapis.

— En vérité, Monsieur, vous êtes insuportable !

— Je le crois bien, ce malheureux fauteuil lui-même n'a pu me supporter.

La comtesse s'arrêta interdite; puis, souriant gracieusement :

— Tiens! le mot est joli , très-joli !

— Eh ! bien, répartis-je, taquinez-moi donc, taquinez-moi donc, pour voir si j'ai aussi bon caractère que ma sœur.

— Ah ! c'était pour me taquiner ?

— Parbleu, j'anrais dû vous en prévenir, n'est-ce pas ?

Elle me tendit la main et nous fîmes la paix.

C'était, malgré son caractère facilement emporté, une adorable femme, que la comtesse Émilie Pouschkine ; pleine d'esprit et de cœur. Quatre ans plus tard, hélas ! elle devait aller mourir dans ses terres, victime de son dévouement à soigner ses paysans décimés par le typhus.

De temps en temps, à propos de quelques bonnes œuvres, nous tirions une loterie; c'était à qui prendrait des billets, à qui fournirait des lots. Mme Demidoff ôtait négligemment de son doigt une belle bague en diamant et la posait sur la table. C'était le lot d'honneur. On a beaucoup parlé du fameux diamant de la famille Demidoff, le *Sancy*. Voici son histoire vraie.

Apporté des Indes-Orientales, le *Sancy* apparaît pour la première fois en Europe au milieu du xve siècle. Charles-le-Téméraire l'a d'abord possédé ; il le portait à son casque, en 1475, à la bataille de Nancy. Un soldat suisse l'ayant trouvé dans les dépouilles, le vendit pour une pièce d'or à un prêtre. En 1489, nous le trouvons entre les mains d'Antoine, roi de Portugal, qui, pressé d'argent, le céda à un gentilhomme français pour une somme de cent mille francs. Plus tard, Nicolas Harlay Sancy l'acheta et lui donna son nom. Henri III étant prisonnier à Soleure, lui écrit de le lui envoyer afin de s'en servir comme de gage pour un emprunt. Sancy se rend à son désir ; mais le serviteur, chargé de porter le diamant ayant été attaqué par des voleurs et voulant à tout prix sauver le bijou, l'avale et s'étrangle. Sancy fait ouvrir le corps du malheureux et retrouve le diamant dans ses entrailles. Plusieurs années s'écoulent. En 1688, le *Sancy* appartient à Jacques II d'Angleterre qui l'apporte en France. Louis XIV l'achète et le lègue à ses descendants. On le voit briller à la couronne de Louis XVI, le jour de son sacre. Enfin, à la suite de péripéties qu'il serait trop long de rapporter, il tomba entre les mains de la duchesse de B..., qui le vendit, par l'intermédiaire d'un marchand nommé Jean Friedelein, à M. Paul Demidoff, le père de M. Paul Demidoff, prince de San-Donato, pour 600,000 francs.

Le *Sancy* a la forme d'une poire et pèse cinquante trois carats et demi. C'est une pierre de la plus belle eau. Les connaisseurs estiment sa valeur bien au-dessus de ce qu'il a coûté.

L'hiver était dans son plein ; Helsingfors jubilait. De toutes parts, dans les classes hautes et moyennes, les salons s'ouvraient. Ce n'étaient que bals, diners de famille ou d'apparat, concerts. Cependant parmi les maisons que je hantais, il s'en trouvait plus d'une où l'on s'ennuyait. Cela agaçait certaines personnes et des plus huppées, qui, ayant séjourné à Pétersbourg ou à Paris, en avaient rapporté, pour la façon d'agrémenter les soirées, un idéal plus vivant.

— Quel moyen prendre, me demanda une jeune et charmante baronne qui faisait la pluie et le beau temps dans la ville, pour nous soustraire à ces ennuyeux salons ? Moi, j'y bâille à mourir. Toujours danser ou jouer aux cartes ! Inventons quelque chose.

— Si nous jouions la comédie ?

— Excellente idée ! mais il faut une troupe.

Nous dressâmes une liste des personnes de notre monde les plus aptes à y figurer : les hommes les plus distingués, les femmes les plus jolies, et, dans le nombre, ceux ou celles qui parlaient le mieux le français ; car il était bien entendu que l'on ne jouerait que des pièces françaises. Nous réunîmes une vingtaine de sujets ; c'était assez. La baronne se chargea des engagements, tous acceptèrent. Nous réglâmes alors les spécialités. Au comte Gustave Armfelt, gouverneur civil de la province, et à un autre comte Armfelt son cousin, gentilhomme campagnard qui avait passé quatre ans à Paris, les pères nobles ; à la jeune baronne et à la *colonelle* Aminoff, un démon d'esprit de vingt ans, les jeunes premières ; à une dame mûre dont j'ai oublié le nom, les duègnes ; les confidents, les valets, les soubrettes et autres accessoires furent dévolus aux jeunes messieurs et aux demoiselles. Quant à moi, je devais cumuler les rôles de jeune premier avec les fonctions d'impressario.

La troupe une fois constituée, tout le monde demanda à en faire partie. Je me montrai inflexible. Cependant je ne pus résister aux instances de la comtesse Pouschkine, et, comme elle déclarait qu'elle se sentait incapable de monter sur les planches, je la nommai costumière de la troupe ; lui adjoignant, en qualité de directeur des décors, un colonel en retraite qui avait couru tous les théâtres de l'Europe ; enfin, j'élevai la baronne Klinkowström, belle-fille du vieux baron dont j'ai déjà parlé, à la dignité de souffleuse.

Nous procédâmes au choix des pièces; les libraires de Helsingfors m'en envoyèrent des ballots, presque toutes de Scribe qui tenait alors, dans toute l'Europe, le haut du pavé. Quatre furent arrêtées, et nous convînmes de les jouer, soit à l'occasion de la fête de telle ou telle grande dame, soit au profit des pauvres.

Puis, les répétitions commencèrent. Je m'aperçus alors, que certains de mes acteurs, surtout parmi les jeunes messieurs, étaient insuffisants; les demoiselles offraient plus de ressources. Je n'hésitai pas à changer les valets en soubrettes, les confidents en confidentes. Je substituai aussi dans les pièces, aux allusions qui n'auraient pas été comprises, des allusions plus appropriées; je les épiçais, en outre, de couplets de circonstance. Ainsi le spectacle semblait avoir été inventé tout exprès pour la ville et pour sa société.

Les répétitions nous amusaient beaucoup. Notre but, on le sait, était de nous sauver des soirées d'ennui. C'est pourquoi, dès qu'une de ces soirées pointait à l'horizon, vite on m'en prévenait. Je convoquais alors ma troupe pour le même jour et la même heure. Répétition urgente. Les motifs d'excuses ne me manquaient pas. D'ailleurs, l'attrait du spectacle promis légitimait toutes nos incartades.

Nos quatre pièces marchèrent très-bien. Les costumes étaient superbes et frais. Ces dames avaient fait venir les leurs de Pétersbourg. Quant à notre costumière, elle s'était surpassée : tous ses diamants avaient été mis dehors ; dans un rôle de commandant de mousquetaires, j'en portais à mon plumet et à mes aiguillettes pour plus de trois cent mille francs.

Bien que notre public fût strictement restreint à notre société, c'est-à-dire à environ deux cents personnes, toute la ville était en émoi nos jours de représentation. On accourait à notre rencontre ; on stationnait à la porte et sous les fenêtres de la maison où était dressé le théâtre. Lorsque nous jouâmes pour les pauvres, les applaudissements éclatèrent sur notre passage ; on eût volontiers dételé nos voitures. Un vrai triomphe.

Après le premier spectacle, où il avait intrépidement payé de sa personne, le gouverneur voulut réunir la troupe dans un grand dîner. Je le célébrai par une chanson où chaque acteur et actrice avait son couplet escorté de sa silhouette au crayon ; le tout couvrant une étroite bande de papier roulée autour d'une tige d'ivoire. A mesure qu'un couplet était chanté, la bande se déroulait ; à la fin, elle inondait toute la table. Cris de joie, bravos frénétiques, hurrahs ! Voici le premier couplet de cette chanson, le seul que je me rappelle :

> Dîner d'acteurs, dîner magique !
> C'est là qu'on rit en liberté ;
> Là, la gaîté n'est point étique,
> L'esprit n'est point emmaillotté ;

Là, du moins, chacun sait son rôle,
Point de soucis, point de frayeurs;
A table, on craint peu le contrôle,
Vive, vive un dîner d'acteurs !

Cependant, ces distractions n'entravaient aucunement mes travaux. Je veillais à l'éducation de mes élèves tout en poursuivant sans désemparer mes études sur la langue et la littérature finnoise. Je cultivais aussi le suédois et j'ébauchais le russe. Un savant finnois, M. Willhem Brander, et un éminent professeur de l'université de Helsingfors, le docteur Axel Laurell, me prêtaient leur concours. Ils me facilitaient l'initiation première; et, c'est grâce à eux, que j'ai dû de prendre goût à une science curieuse, sans doute, mais hérissée de difficultés. Mon bagage grossissait de jour en jour; aussi, trois ans plus tard, à mon retour en France, me suis-je trouvé, presque immédiatement, en état d'inaugurer ces publications sur la Finlande, la Suède et la Russie, dont j'étais appelé à faire ma spécialité.

Notre carrière dramatique était interrompue; on se préparait à la fête de Noël, la fête, par excellence, dans ces régions polaires. Les Finlandais l'ont empruntée des Scandinaves, leurs voisins, en y ajoutant quelques particularités originales.

La fête chrétienne de Noël n'est, en Finlande et dans tout le Nord, que la continuation ou plutôt la transformation de l'antique fête païenne célébrée à l'époque du solstice d'hiver. Elle débutait avec la nuit du 21 décembre, nuit que les Islandais appelaient la *nuit suprême*, les Anglo-Saxons, la *nuit-mère*. N'est-ce pas, en effet, dans la nuit du 21 décembre, que le soleil commence à secouer son ténébreux linceul pour renaître à la vie et reprendre sa course ascendante à l'horizon ?

Une ancienne légende raconte qu'après trente-cinq jours d'obscurité pendant lesquels les habitants du nord étaient restés blottis dans leurs cabanes, ils envoyaient un messager sur la plus haute montagne du pays pour voir de là s'il n'apparaissait pas quelque lueur, présage du prochain retour du soleil. A la nouvelle que l'astre approchait, un frémissement s'emparait de tous les êtres. Hommes, femmes, enfants, vieillards, accouraient pour le saluer ; les morts eux-mêmes secouant leur poussière, venaient au sommet de leurs tertres funéraires, mêler leur joie à la joie universelle.

Cette légende ne s'écarte de l'histoire que par ses poétiques ornements. On ne saurait imaginer à quelle tristesse morne on est en proie, par ces interminables ténèbres doublées d'un froid sans répit. Pour moi, j'en étais excédé et autant, sinon plus, que les indigènes, je soupirais après Noël.

Dès la veille au soir on se réunit en famille, d'ordinaire chez les grands parents. Nous nous rendîmes chez la mère de la comtesse qui avait épousé, en secondes noces, un des hommes les plus considérables du pays, M. le sénateur Walleen. L'appartement était brillamment éclairé. Dans un des salons se dressait l'arbre de Noël, chargé de lumière, de rubans, de friandises et de joujoux. Les enfants le saluèrent de leurs cris de joie, gambadant autour ; et comme ils avaient carte blanche, ils le pillèrent à l'envi. Les autres membres de la famille avaient gagné le grand salon disposé en salle de bal, le milieu libre, des banquettes rangées le long des murs. On causait bruyamment. Tout-à-coup la porte s'ébranla et l'on vit apparaître une sorte de quadrupède, aux cornes recourbées, à la barbe hérissée, aux pieds crochus. C'était le bouc de Noël, *Julbock*, souvenir des anciens Scandinaves qui sacrifiaient un bouc à leurs dieux, dans la fête du solstice d'hiver. Ce bouc distribua les cadeaux, les jetant l'un après l'autre au milieu du salon (1). Il est vrai que, par une tactique du donateur, jaloux de faire attendre les surprises, chaque cadeau portant le nom du destinataire, était soigneusement, parfois bizarrement empaqueté. Quel travail pour les dégager ! Je vis une belle épingle sortir d'une botte de paille ; un vase précieux d'un ballot monstre, un œuf de vermeil d'une poule en étoupe ; un brillant d'une carotte. Je reçus pour

---

(1) Les cadeaux de Noël s'appellent *Julklapper* (de *Jul*, Noël, et *Klappa*, frapper), parce qu'il est d'usage de les annoncer, en frappant à la porte du salon où sont réunies les personnes auxquelles ils sont destinés. En Finlande, comme en Danemark, en Suède et en Norvège, on fait à Noël les cadeaux en nature, et au jour de l'an, les cadeaux en argent.

ma part une montre, dans un écrin figurant une grosse
pomme, et toute une armure de chasse dans un man-
nequin affublé en Nemrod. Pas n'est besoin de dire
les éclats de rire que soulevait chaque découverte.

Aux cadeaux ordinaires se joignent souvent des
cadeaux symboliques, ceux-ci accompagnés de pi-
quantes épigrammes. Ainsi, tel grand personnage, renommé pour le mauvais éclairage de ses soirées,
voit arriver à son adresse plusieurs douzaines de
lampions ; tel autre, pour son économie de chiens de
garde, une meute en carton. A une belle précieuse, on
envoie une poupée ridiculement attifée ; à un cau-
seur insipide, un oreiller ou un éteignoir ; à un fat, un
faux-col d'acier. Quoi de plus vaste que le champ des
cadeaux symboliques ! Le plus charmant de ce genre
que j'aie vu faire, c'était à deux jeunes fiancés, deux
blanches colombes qui s'échappèrent de la boite où
elles étaient renfermées au moment ou ils l'ouvrirent
et qui, après avoir voltigé un instant au-dessus de
leurs têtes, allèrent se poser en roucoulant sur le
poële du salon.

Après les cadeaux, on annonça le souper. Le souper de Noël se distingue des autres soupers de l'année par le caractère traditionnel du menu. D'abord
le jambon de porc. Aux temps païens, on servait un
porc entier, le porc de Frey, dieu des moissons. Tous
les convives, l'un après l'autre, étendant la main sur
la tête de l'animal ornée de bandelettes, s'enga-
geaient par serment à accomplir dans l'année quelque
action d'éclat. Aujourd'hui le jambon de Noël n'est

plus qu'une occasion de se porter des toasts et de s'adresser des compliments. Après le jambon vient le riz chaud arrosé de lait froid ; puis le *Vortbrod*, pain bistré fait avec de la farine de froment et de la bière non fermentée ; enfin, le *lustfisk*. Qu'est-ce que le *lustfisk*? Imaginez-vous une merluche dessalée, bouillie pendant trois jours dans une eau de cendres mêlée de chaux vive, et farcie ensuite, avec du poivre, de la moutarde et du raifort : Voilà le *lustfisk !* Bien que mon estomac fût habitué déjà à des choses fort excentriques, j'avoue que cette merluche ainsi apprêtée m'effraya un peu ; mais la comtesse m'avait prévenu, et, par politesse pour son beau-père, qui tenait beaucoup aux traditions, j'en demandai deux fois. Je m'en vengeai, du reste, en noyant le lustfisk sous des rasades exceptionnellement multipliées de vins de France et d'Espagne.

A peine étions-nous rentrés au salon qu'il fut envahi par une troupe étrange. Elle comprenait cinq personnages. Le premier appelé *roi de l'Étoile*, portait au bout d'un bâton, lui servant d'axe, une étoile mobile en papier peint, au foyer de laquelle flambait une chandelle. Le second, vêtu d'une peau d'ours retournée, coiffé d'un bonnet de papier noirci à l'encre et tenant à la main une bourse, remplissait le rôle de Judas. Quant aux trois derniers, ils représentaient les rois mages. Une longue robe blanche tombant jusqu'aux pieds, une écharpe rouge autour de la taille, une autre de diverses couleurs croisée sur la poitrine, une troisième roulée autour du bras gauche, tel était leur costume. Celui qui figurait le roi maure était affublé, en outre, d'un masque de laine noire et d'une perruque frisée.

Cette troupe, composée d'enfants du peuple, venait jouer un mystère, héritage plus ou moins avarié dés temps catholiques, que l'on nomme *fête de l'Étoile.*

Les cinq acteurs se mirent en ligne, saluèrent profondément, et entonnèrent en chœur les strophes suivantes :

— Bonsoir, bonsoir, hommes et femmes, maitre et maitresse de la maison, et vous tous qui êtes ici ! Nous vous souhaitons un heureux Noël. Que Dieu vous garde de tout malheur !

— Le fils de Dieu est né aujourd'hui à Bethléem ; il s'est fait chair par pure bonté pour nous. Il vient nous consoler et nous secourir; il vient sauver le monde.

— O messagers des cieux, anges et troupes divines, annoncez la paix à la terre et louez Dieu avec vos langues angéliques, vos harpes et vos trompettes retentissantes. Oui, louez de tout cœur, louez le Seigneur Dieu !

— Quand le chœur des anges fait éclater sa grande joie et chante Dieu dans les hauteurs des cieux, celui-là mériterait de n'avoir ni paroles ni voix qui ne serait point prêt à louer le Seigneur Dieu.

— O Dieu d'amour, quand je pense à ta bonté, n'est-il pas juste que mon cœur se fende ? Dieu de tout amour qui as aimé le monde jusqu'à te livrer toi-même à la mort, jusqu'à souffrir mille tourments pour sanctifier notre tombe !

— O joie du cœur ! maintenant, chassons toute tristesse ; allons avec les bergers et suivons l'étoile qui est la pure lumière de la parole de Dieu, qui nous guide à travers les sentiers de la justice jusqu'à la sainte demeure.

— Voici les sages et les païens qui viennent de l'orient à Béthléem et qui offrent à l'enfant, le cœur vivement ému, de l'or, de la myrrhe et de l'encens.

— Sois le bien-venu, mon Dieu, mon frère, l'ami de mon âme, toi qui descends du ciel, sois le bienvenu ! Quoique tes faibles membres soient couchés sur la paille d'une crèche, chacun de ceux qui te voient veut réjouir ton amour.

Ce chœur général pourrait se prolonger à l'infini, suivant le bon plaisir des acteurs ou des spectateurs, car le thème en est des plus élastiques ; il embrasse non-seulement la naissance du Christ, mais encore sa vie tout entière, sa passion, sa mort, sa résurection. Enfin, Judas est annoncé et le chœur reprend :

— Nous avons aussi un Judas, un Judas laid à faire peur ; sans doute qu'il vient du bois, avec sa tête de bête fauve, son cœur d'ivrogne.

Judas répond :

— Oui, je viens du bois, je suis sorti pour chanter et pour jouer. J'ai chanté jusqu'à ce que ma gorge s'enrouât. Que ceux qui ne peuvent être aussi divertissants que moi, fassent tomber leur argent dans ma bourse.

Et Judas, faisant le tour du salon, tenait sa bourse ouverte où chacun jeta une pièce de monnaie. Puis, il demanda de la bière et de l'eau-de-vie ; après quoi toute la troupe salua et chanta :

— Merci, merci pour vos dons généreux ! Que Dieu les garde dans sa pensée et vous accorde un heureux Noël ! Bonne nuit ! Bonne nuit !

Ainsi finit le mystère.

Chaque soir, pendant la période de Noël, les mêmes scènes ou d'autres analogues se renouvellent. Une des plus curieuses, c'est le drame d'Hérode. La troupe d'acteurs est doublée. Hérode, couronne en tête, sceptre en main, manteau de pourpre sur les épaules ; la cour en brillants oripeaux ; les mages avec leur étoile. Hérode, assis sur une chaise en guise de trône, donne audience aux rois étrangers qui lui annoncent la naissance du Christ. Cette nouvelle le met en fureur ; il commande à sa garde de massacrer les mages. Ceux-ci dégaînent, le combat s'engage ; le désordre est au comble. Enfin, les mages triomphent. Hérode et les siens prennent la fuite.

Deux jours après Noël, je fis une visite à un personnage pour lequel j'avais conçu une vive sympathie. C'était aussi un comte A..., le comte Magnus. Il paraissait plus vieux que son âge, car il avait à peine cinquante ans, et on lui en eût donné au moins soixante. Il était colonel et président du conseil de guerre; mais ses occupations ordinaires n'avaient rien d'héroïque; il faisait de la tapisserie. Cela me donna l'idée de lui confier, dans une de nos pièces, le rôle d'un oncle mélancolique qui faisait du filet. Il le remplit au naturel.

Un colonel armé d'une aiguille et penché sur un canevas, cela me semblait singulier. « Ce cher comte, me disais-je, doit avoir au cœur un chagrin ou un regret. » Un jour que je lui parlais de Stockholm, et de mon intention d'y passer quelques jours en retournant à Paris, il s'ouvrit à moi.

— Ah ! vous voulez aller à Stockholm ! me dit-il d'un air presque tragique.

— Cela vous étonne?

— Non...

Il se promenait à grands pas, levant les yeux au ciel, et se croisant fortement les bras sur la poitrine ; tout en lui trahissait une agitation intérieure qui m'intriguait.

Enfin, il prit la parole.

— Vous êtes étranger, me dit-il, vous êtes par conséquent impartial ; vous ne vous moquerez pas de moi. Je veux vous faire ma confession et vous demander un service... Je mène une vie impossible. Je fais de la tapisserie... croyez-vous que cela m'amuse?.. Non, en brodant mon canevas je pense à autre chose... Il fut un temps où j'avais ma maison à moi, tout comme les autres... Oui, j'avais épousé une jeune fille de la première noblesse de Suède, et nous avons vécu quelques années ensemble... Puis, elle s'est aperçue que nous ne nous convenions pas et nous avons divorcé... Eh ! bien maintenant, je regrette ma femme et je ferais tous les sacrifices pour la ramener... Il est vrai qu'elle s'est remariée... elle a épousé le comte d'Otrante, un fils de votre Fouché, émigré en Suède... Mais qu'importe !.. Si vous allez à Stockholm : voyez-la, raisonnez-la ; je ne puis croire qu'elle m'ait tout-à-fait oublié... dites-lui, enfin, qu'elle me rende sa main.

Huit ans plus tard, après un long séjour en Suède, où j'avais fait une connaissance assez intime de la famille d'Otrante, je revins à Helsingfors. Le comte Magnus était toujours dans les mêmes dispositions. Apprenant que je devais bientôt retourner en Suède, il me supplia, de nouveau, de remplir la mission dont il m'avait chargé jadis.

Arrivé à Stockholm, je m'acheminai un beau matin vers la maison d'Otrante située dans le voisinage de la ville. Le comte était absent ; la comtesse me reçut.

— Mon mari, me dit-elle, est sorti depuis une heure, il ne tardera pas à rentrer ; attendez-le, vous déjeunerez avec nous.

— J'accepte d'autant plus volontiers, lui répondis-je, que j'ai à remplir auprès de vous, Madame, une mission pour laquelle la présence du comte me paraît indispensable.

— Une mission ? quelle solennité !... pourrais-je savoir ?

— Plus tard... au déjeuner.

La comtesse d'Otrante était la femme la plus charmante, la plus spirituelle et la plus gaie que l'on pût voir. Elle formait un contraste parfait avec le solitaire que j'avais laissé à Helsingfors.

Le comte rentra; on se mit à table.

Un peu avant le café, la comtesse me relança sur ma mission.

— Madame, lui dis-je à brûle-pourpoint, connaissez-vous le colonel comte Magnus A..., président du conseil de guerre à Helsingfors?

— Ah ! le monstre!

— Pas si monstre que vous croyez. Il ne pense qu'à vous, il ne rêve que de vous, il regrette...

— En vérité! Qu'est-ce que cela peut me faire?

— Il s'ennuie à périr, il fait de la tapisserie.

La comtesse éclata de rire.

— L'édifice de son bonheur a été détruit, il voudrait le reconstruire. C'est pourquoi, permettez-moi de ne pas user de périphrase, il m'a chargé de vous redemander votre main.

Je regardai le comte qui souriait finement.

— Quel est votre avis, monsieur le comte? lui demandai-je.

— Mon avis! je n'en ai pas, la comtesse est libre de faire ce qu'il lui plaît.

— Alors, comtesse?...

— Dites au pauvre homme que, puisqu'il s'occupe de tapisserie, je suis toute prête, s'il le désire, à lui envoyer des aiguilles et de la laine. C'est là tout ce que je puis faire pour lui.

On conçoit que cet incident assaisonna le déjeuner d'une gaieté folle. La comtesse en rit toute la journée et le répéta à qui voulait l'entendre.

De mon côté je notifiai mon fiasco à l'infortuné comte, dans une lettre de condoléance que je m'efforçai de rendre aussi sentimentale que possible.

Le jour de l'an est moins brillamment fêté que le jour de Noël. Ce qui le distingue, c'est que la veille au soir, on se réunit en famille, et qu'à minuit sonnant on s'embrasse et l'on se souhaite la bonne année ; dans quelques maisons on danse.

On dansa cette année chez le général Ramsay, commandant en chef de la garde finlandaise. Bal superbe, nombreux et plein d'entrain. Mais voici qu'au beau milieu d'une polka, un grand fantôme blanc, longuement barbu et armé d'une faux, un *Temps* des mieux réussis, entre dans la salle. L'orchestre s'arrête ; tout le monde est stupéfait. Alors, d'une voix tonnante, le fantôme fulmine contre les plaisirs, le luxe et les vanités de ce monde ; il menace de la colère de Dieu, il montre l'enfer entr'ouvert. En ce moment, un des invités lui met la main sur la bouche, car la générale qui était enceinte, saisie de l'algarade, vient de s'évanouir. Tumulte indescriptible. On cherche l'audacieux, on voudrait lui arracher sa barbe, lui déchirer son suaire ; mais déjà il s'est échappé. Le général furieux, proteste qu'il n'est pour rien dans ce scandale. Il paraît, en effet, qu'un prédicateur luthérien, célèbre alors par son fanatisme, avait seul imaginé le tour et, qu'en le jouant à une société aussi distinguée, il avait cru remplir un devoir de conscience.

Le lendemain, on ne parlait que de cela dans toute la ville, on en causait encore avec animation le soir, au grand bal officiel donné par le gouverneur général. On appelait le général Ramsay : Saturne. En 1842, la Finlande avait pour gouverneur général le prince Menschikoff, mais comme le prince en même temps ministre de la marine, résidait constamment à Pétersbourg, il se faisait représenter par un *adjoint*. Cet adjoint était un brave homme de général, de mine peu imposante, et, disait-on, d'un esprit d'économie dépassant toutes les bornes. Il épargnait sur tout, notamment sur les bougies, destinées à éclairer ses salons. On racontait qu'après ses soirées, il transformait les bouteilles déflorées en bouteilles vierges à l'aide de n'importe quel autre vin et les renvoyait à ses fournisseurs. On racontait aussi, qu'ayant perdu un boule-dogue préposé à la garde d'une propriété qu'il possédait aux environs de la ville, et reculant devant la dépense d'un remplaçant, il se rendait presque chaque soir à cette propriété, et en faisait plusieurs fois le tour, s'efforçant d'aboyer lui-même de la même voix que le chien défunt. Ceci explique certains cadeaux symboliques dont j'ai parlé plus haut. D'après la rumeur publique, le général en question en avait été plus d'une fois le ridicule destinataire.

Pendant toutes ces fêtes, le comte Pouschkine avait
été absent ; à son retour, voyant la société si animée,
il entra dans le mouvement. « Voici bientôt le jour
des Rois, me dit-il ; il nous faut tirer les Rois, mais
d'une façon originale. Arrangez cela, je vous prie,
je souscris d'avance à tout ce que vous déciderez ; ne
regardez pas à la dépense. »

Je me retirai chez moi pour réfléchir. L'idée me
vint de ressusciter l'île de Cocagne et de l'ériger en
royaume. La fève, organe en cette circonstance, du
droit divin ou du droit populaire, devait donner le roi
et la reine. Ceux-ci nommeraient des ministres, des
chambellans, des dames d'honneur, toutes sortes de
hauts dignitaires, ils distribueraient des brevets et
des insignes. Un grand dîner, où serait éventré le
gâteau fatidique, inaugurerait la fête ; puis, il y aurait
séance royale, baise-mains, concerts, bal, illuminations, et à défaut de feu d'artifice, interdit par la saison, un punch gigantesque.

Je soumis mon programme au comte ; il l'approuva
avec enthousiasme et me donna carte blanche.

Le jour des Rois arriva ; tous les préparatifs étaient
terminés. La maison resplendissait ; de nombreux
lampions traçaient à travers la rue une voie lumi-
neuse. A l'intérieur, deux orchestres, chacun dans
un angle du grand salon et dans la salle à manger, masqués par de vertes charmilles. Partout des
fleurs. Au milieu du grand salon se dressait un trône
luxueusement drapé et surmonté de panaches blancs ;
en face du trône, sur une longue table couverte d'un

tapis de pourpre, deux couronnes et deux sceptres en sucre, une liasse de brevets imprimés sur parchemin, et de larges rubans en satin bleu, avec la devise : « Honni soit qui mal y pense, » brodée en lettres d'or

Vers cinq heures, les traîneaux amenèrent peu à peu les convives. Ils étaient une trentaine. Les deux orchestres les saluèrent avec fracas. On passa dans la salle à manger. Jamais elle n'avait vu un tel luxe. Le comte, étrennait ce jour-là un magnifique service de Saxe à ses armes, arrivé de la veille. Le gâteau des Rois trônait au milieu de la table, sur un vaste plat en vermeil. A l'heure du champagne on tira la fève, ou plutôt les deux fèves. Le roi et la reine de Cocagne furent proclamés.

On s'imagine sans peine que les fèves n'avaient point été abandonnées à leur seul caprice ; le comte et moi, nous avions un peu dirigé leur choix. Il eût été regrettable que le nouveau royaume fût gouverné par des monstres ; même dans la prévision que le monarque désigné *in petto* se fit attendre, car il habitait un château très-éloigné, j'avais préparé un gouvernement provisoire. Cette mesure devint inutile ; le monarque arriva à temps ; et tous voyant le trône de Cocagne si bien occupé, portèrent avec enthousiasme la santé du roi et de la reine, tandis que les voix jointes à l'orchestre chantaient en chœur :

Serait-ce un rêve?
Non, par ma foi !

> Grâce à la fève,
> Nous avons reine et roi.

Ce chœur était le prélude d'une foule de vers que j'avais composés pour la circonstance et qu'un obligeant amateur avait mis en musique.

Le dîner se prolongea jusqu'à dix heures. On rentra alors dans le salon où se trouvaient réunis les invités de la soirée. Le roi et la reine, manteau sur les épaules, couronne en tête et sceptre en main, montèrent sur le trône. Les deux orchestres tonnaient à la fois. Le silence rétabli, je lus au nom du roi de Cocagne un manifeste en style macaronique qui fit beaucoup rire. Puis on procéda à l'installation des charges de cour. Les dignitaires mâles recevaient des mains de la reine un brevet ; les dames, en outre, le ruban de satin bleu qu'elles enroulaient autour de leur bras. Chaque nomination donnait lieu à une strophe appropriée, et la musique faisait rage.

Un vieux docteur à figure d'astrologue, mais bonhomme au fond et d'humeur joviale, fut nommé alchimiste de la cour. Je lui décochai la strophe suivante :

> Prends ton creuset, prends tes lunettes,
> Grand alchimiste de la cour,
> Prends ton briquet, tes allumettes,
> Et fais vite chauffer ton four.
> De l'or Cocagne n'a que faire :
> Tu seras beaucoup mieux goûté,
> Si ta philosophale pierre
> Change pour nous tout en pâté.

Il y a certes dans cette strophe une forte couleur de mirliton. C'était un peu le sort de toutes les autres. Mais la couleur mirlitonnesque n'était-elle pas ici la vraie couleur locale ? Toutefois, çà et là il se trouvait des strophes de plus haut goût. Par exemple on applaudit singulièrement celle que je consacrai au baron Linder. Ce brave baron avait été nommé grand écuyer de la cour, et vraiment il semblait avoir été créé tout exprès pour une pareille charge. Vivant dans ses terres, au milieu de ses haras, il ne rêvait que chevaux et caracolait perpétuellement. Au premier appel il était accouru. Voici cette strophe.

> Monté sur son Pégase,
> Linder arrive ici ;
> Chacun tombe en extase,
> En disant : le voici !
> Ah ! c'est qu'un cœur palpite
> Au sein de l'écuyer,
> Quand un ami l'invite
> Il vient franc étrier.

La royale cérémonie dura jusqu'à minuit ; puis, le bal s'ouvrit : on devine avec quel entrain. Un luxueux souper suivi du punch gigantesque couronna la fête ; on ne se sépara qu'à six heures du matin.

Je rédigeai un compte-rendu détaillé de cette soirée mémorable ; le comte en fit faire plusieurs copies sur vélin, par le meilleur calligraphe de la ville, et les envoya à ses amis de Pétersbourg. « Je veux leur montrer, disait-il, que l'on s'amuse ici aussi bien que chez eux, et plus spirituellement. »

« Pas de bonne fête sans lendemain, » dit le proverbe. Le lendemain de la fête des rois ne répondit guère, néanmoins, à la gaieté de la veille. Quelques esprits grincheux, épluchant ceux de mes vers qui leur étaient destinés, y découvrirent des intentions blessantes. Trois ou quatre officiers de la garde finlandaise, entre autres, prétendaient que je m'étais moqué d'eux. A leur tête, et criant plus fort que tous, était le baron de W..., un simple lieutenant, mais auquel sa parenté donnait du poids. Je crus devoir écrire à ce dernier pour rectifier ces interprétations ridicules. Ma lettre était des plus polies ; il y répondit par un billet grossier.

Je me rendis aussitôt chez la comtesse, que je trouvai avec une de ses amies.

— Voyez, mesdames, leur dis-je, en leur montrant le billet, de quelle façon on répond dans votre pays aux politesses d'un étranger.

Elles lurent le billet.

— C'est indigne ! s'écrièrent-elles.

— Oui, c'est indigne ! mais il y a bal ce soir chez la baronne H..., le grossier baron y sera, je lui jetterai publiquement mon gant à la figure.

— Oh ! ne faites pas cela !

— Pourquoi pas ! je suis seul de Français ici, et je n'entends pas que même les traîneurs de sabre me marchent dessus.

Après de longs pourparlers, je promis à ces dames, qui m'en supplièrent, de ne pas me rendre au bal avant dix heures.

3

Je fus exact; je cherchai le baron dans tous les salons; il n'y était pas. J'aperçus enfin les deux dames assises sur un canapé dans une pièce reculée.

— Eh! bien! leur dis-je, en les saluant, qu'est devenu le baron?

— Il est parti.

— Il a eu peur?

— Comme il avait votre lettre sur lui, nous la lui avons expliquée; il l'a comprise, enfin; il a reconnu ses torts et est tout prêt à les réparer.

— De quelle manière?

— Nous lui avons dit que, puisque l'offense avait été faite par lettre, elle pouvait se réparer aussi par lettre. N'est-ce pas votre avis?

— Puisque vous le désirez; mais je n'admets aucun retard.

En rentrant chez moi, je trouvai sur mon bureau la lettre suivante. Je la copie textuellement sur l'original que j'ai conservé:

« Monsieur,

« J'ai entendu que votre intention, en m'écrivant, il y a quelques jours, ce aimable billet, n'était pas de vous moquer de moi comme je pansais, et comme alors ma réponse a été tout-à-fait le contraire, c'est-à-dire fortement impolie, je vous en demande à présent *pardon*. Quand j'étais convenu de ma méprise, je ne voulais pas avoir écrit ce billet, mais la chose n'était pas à refaire. Ainsi, Monsieur, si vous voulez excuser mon emportement d'alors, je vous prie de me rendre le fatal billet.

« Votre serviteur bien humble,

« E. DE W... »

Naturellement, je m'empressai de renvoyer à son auteur ce qu'il appelait le fatal billet. Ce pauvre baron s'était fait plus méchant qu'il l'était. Le lendemain, accompagné de deux de ses camarades, il arriva chez moi.

— Monsieur, me dit-il, je viens vous confirmer verbalement ce que j'ai eu l'honneur de vous écrire, et pour en finir avec cette maudite affaire, nous avons commandé un souper auquel nous vous prions de vouloir bien assister.

À partir de ce moment, je vécus dans la meilleure harmonie avec les officiers de la garde finlandaise. Ils étaient même les premiers à prendre ma défense lorsque l'on m'attaquait. J'eus donc à me féliciter d'avoir montré dès mon début en Finlande, que, pour être aimables et conciliants, les Français n'en sont pas moins résolus à se faire respecter.

Ainsi que les astronomes l'avaient prédit, l'hiver fut d'une rigueur extrême. Quarante degrés sans répit pendant près de six semaines. C'était une calamité, même pour le pays. Les loups erraient la nuit à travers la ville ; on entendait leurs faméliques hurlements. Ils dévorèrent dans ma cour où il s'était attardé, un joli petit chien que j'aimais beaucoup. Chose qui semblera étrange ! Je supportais ce froid plus vaillamment que les indigènes : au lieu de fourrures dont ils s'enveloppaient, je me contentais d'un manteau ouaté. La cause en était-elle au calorique plus ardent qui coulait sous mon épiderme ? Ce qui est certain, c'est que les naturels du midi transplantés dans le nord, y luttent sans beaucoup de peine contre les rigueurs du climat : que de fois, à Pétersbourg, n'ai-je pas rencontré sur les quais de la Néva, par un froid de vingt-cinq et trente degrés, des Anglais ou des Italiens, couverts d'un simple paletot ! Mais cela ne dure que le premier hiver. L'hiver suivant où la température était moins rude, j'aurais plutôt porté deux fourrures qu'une. Somme toute, après avoir été tant de fois gelé, dégelé, regelé, je suis revenu de mes voyages polaires, cent fois plus frileux qu'avant de quitter la France. Un hiver à Paris, quelque anodin qu'il soit, me fait toujours l'effet d'un hiver sibérien.

Vers les premiers jours de mars, le thermomètre étant tombé à six ou sept degrés, nous décidâmes de nous rendre à Viurila, propriété du comte Armfelt, l'ex-roi de Cocagne, située à une soixantaine de lieues de Helsingfors. Le comte nous y avait invités lors de son dernier séjour parmi nous. Joyeuse partie ! Neuf personnes dont trois dames, l'élite de nos salons, devaient y figurer. Un vendredi matin, par un clair soleil, nous partîmes en élégants et confortables traîneaux. La route blanche de neige était lisse, nous allions comme le vent. J'occupais le même traîneau avec le comte Pouschkine.

Au quatrième relai, il nous échut un jeune postillon assez égrillard. Ayant aidé à atteler le traîneau des dames qui ouvrait la marche, il y avait jeté un regard curieux.

Au bout d'une demi-heure, pendant laquelle il avait ménagé ses chevaux outre mesure, il se retourna de notre côté, en riant bruyamment.

— Vous avez là avec vous, nous dit-il, de bien belles femmes !

— Comment le sais-tu ?

— Oh ! je les ai regardées... Il y a surtout une brune et une blonde...

Nous n'étions pas d'humeur à plaisanter ; il nous conduisait si mollement que cela nous agaçait.

Il me vint une idée.

— Ah ! tu as vu ces dames, lui dis-je, eh bien ! nous venons de les enlever à Helsingfors, et nous allons à Åbo, pour les épouser... Mais si tu continues de marcher ainsi, adieu la noce ! Tu vois comme elles sont loin... rattrape-les, tu auras un bon pourboire.

Un coup de fouet, vivement appliqué, lança les chevaux au galop.

Tout à coup, heurtant contre une aspérité, notre traîneau bondit : le comte dégringola le premier, je sautai par-dessus lui ; le postillon disparut dans la neige la tête la première, battant l'air de ses mains. Nous nous relevâmes vite, en éclatant de rire, car ces sortes d'accidents ne sont jamais tragiques; le duvet de la neige amortit la chute.

Le soir, aux deux tiers de la route, nous arrivâmes chez le baron Linder, le grand écuyer de la cour de Cocagne. Il nous attendait. Nous fîmes largement honneur au souper; mais comme nous étions fatigués la veillée fut courte; nous allâmes nous coucher.

La chambre destinée aux deux dames, dont la beauté avait été si bien appréciée par le postillon, n'était séparée de la mienne que par une mince cloison; je pouvais entendre presque tout ce qu'elles disaient. Au bout d'une heure elles s'éveillèrent en poussant des cris d'effroi; elles avaient des visions funèbres : c'était là, en effet, dans le lit même qu'elles occupaient, que les deux femmes de notre hôte étaient mortes. Puis, secouant le cauchemar, elles se mirent à plaisanter et à rire.

Je m'exclamai d'une voix sourde :

— Tel qui rit vendredi, dimanche pleurera.

On se rappelle que nous étions au vendredi.

Le rire cessa ; mais les paroles s'envolaient comme des fusées. Alors d'une voix plus sourde.

— Tel qui parle toujours, jamais ne dormira.

Elles se turent.

— Si nous pouvions faire quelque beau rêve ! murmurèrent-elles.

— Tel qui ne dort jamais, jamais ne rêvera.

Cette dernière la Palissade mit fin aux colloques, tout rentra dans le silence ; le bruit ne recommença qu'à huit heures du matin; chacun prenant dans son lit son thé ou son café.

A dix heures on déjeuna. Naturellement pas un mot ne fut prononcé sur ce qui s'était passé pendant la nuit. Après le déjeuner, nous visitâmes les haras qui étaient luxueusement aménagés et bien garnis. Le baron Linder nous donna même, dans son manége, le spectacle d'un petit carrousel improvisé en notre honneur. Parmi les chevaux, de race très-diverse, j'admirai surtout un de ces jolis poneys à la riche crinière, à la queue chevelue, qui s'exportent, en troupes nombreuses, de l'île suédoise d'Öland ; il se livrait à des gambades étourdissantes.

Il était fort tard quand nous arrivâmes dans les parages de Viurila. Une vaste baie s'étend devant le château; gelée, alors, à plusieurs pieds de profondeur. Le comte y avait fait tracer une route bordée de sapins verts, plantés dans la glace. Un courrier envoyé à notre rencontre, prit la tête de notre caravane, armé d'un immense fanal. La façade du château était splendidement illuminée.

Réception de grand seigneur, avec suisse frappant le pavé de sa hallebarde, valets de pied en livrée, piqueurs échelonnés sur le perron et sonnant de la trompe. Le comte était descendu pour nous recevoir dans le vestibule d'honneur ; nous restâmes chez lui trois jours ; et grâce à l'ingénieuse façon dont il avait distribué le temps, ces trois jours passèrent comme un enchantement.

J'ai dit plus haut que le comte avait habité Paris pendant quatre ans. Afin d'en retrouver toujours l'image sous ses yeux, il y avait commandé un riche mobilier dont il avait garni trois pièces du château : un salon, un cabinet et une chambre à coucher. Il nous conduisit dans ces trois pièces, les montrant avec orgueil. Le lit, un vrai lit à la française, frappa tout particulièrement les dames, dont aucune n'était encore allée en France. Elles voulurent en essayer et y passèrent la nuit l'une après l'autre. Deux d'entre elles y dormirent bien; la troisième, habituée au matelas en crin piqué, prétendit, au contraire, n'y avoir pu fermer l'œil ; elle trouvait le coucher trop élastique.

Au retour, nous nous arrêtâmes de nouveau une couple d'heures chez le baron Linder. Il m'avait ménagé une surprise; il me fit cadeau du poney que j'avais tant admiré, avec un petit traîneau tout harnaché. Je m'installai dans le traîneau et, prenant en main les rênes, je lançai le poney au galop. C'était une bête fort originale que ce poney : dès qu'il rencontrait un de ces filets d'eau qui, à l'approche du dégel, jaunissent la neige, il s'arrêtait court; puis, au moment où l'on s'y attendait le moins, il le franchissait d'un bond. Deux ou trois fois il me versa ; mais je me relevais aussitôt; en sorte que durant toute la route, je ne restai guère éloigné des

antres traineaux que de quelques pas, et je rentrai
en même temps qu'eux à Helsingfors.

Toutes les distractions, tous les plaisirs avaient été
épuisés : bals, spectacles, concerts, dîners, parties de
traineaux. Bosco, le Robert-Houdin de l'époque,
avait effleuré la ville et nous avait donné quelques
séances de prestidigitation. On aspirait au calme ; on
voulait s'occuper de choses sérieuses. Quant à moi,
je me livrais avec une activité nouvelle à mes oc-
pations scientifiques.

— Si vous nous faisiez un cours de littérature
française ? me dit la comtesse.

— Très-volontiers, mais croyez-vous que cela inté-
resserait ?

— Je n'en doute pas ; j'inviterals, une ou deux fois
par semaine, le soir, une quarantaine de personnes,
ce que nous avons de mieux dans la société ; on prendrait le thé et l'on écouterait votre conférence.

Huit jours après je commençai. Mon cours devint
un événement ; les demandes d'invitation affluèrent ;
il fallut passer du salon intime dans le grand salon.
Un vieux général, un peu sourd, avait sollicité le
privilége de s'asseoir près de moi, à ma droite ; à ma
gauche j'avais un élégant baron, affligé de la même
infirmité ; une grande dame malade se faisait amener
en chaise à porteur ; le succès fut complet ; je donnai
une dizaine de leçons.

On se demanda alors comment on reconnaîtrait ce

3.

qu'on appelait ma gracieuse complaisance. Il fut décidé que les dames les moins occupées et les plus habiles me broderaient un tapis. Ce serait un souvenir que j'emporterais de mon séjour en Finlande. Malheureusement, quand je quittai le pays, le tapis était loin d'être prêt. On me promit de me l'envoyer à Paris. Je l'attends encore. Il en est de la société finlandaise comme de toute autre société. Présent elle vous comble, absent elle vous oublie. Je crois pourtant, sans me flatter, avoir contribué plus que personne à la faire connaître et apprécier en Europe. C'est en France seulement que l'étranger peut compter sur un souvenir fidèle, souvenir, hélas! bien peu mérité souvent; mais, si la France est assez riche d'argent pour payer sa gloire, il paraît qu'elle est assez riche aussi de naïveté, je devrais dire de badauderie, pour se payer des ingrats et même des traîtres.

CHAPITRE II

La vindicte publique

Mon second séjour en Finlande. — Accident de chemin de
fer. — Violent baiser conjugal. — Aventure à la douane de
Cologne. — L'Anglais mystifié. — Ma névralgie. — Un
dentiste tortionnaire. — Le théâtre de Lübeck. — Lustre
et abat-jour enfumé. — Ma traversée de Travemünde à
Åbo. — Agréable rencontre. — Chants mélancoliques. —
Le consul d'Uleaborg et ses poires. — Description d'Åbo.
— Sa vieille cathédrale. — Les trois églises. — Le chevalier excommunié. — Le château d'Åbo. — Ses prisonniers.
— Le meurtrier enchaîné. — La criminalité en Finlande. —
Assimilation du vol au meurtre. — Les noces sanglantes.
— La moralité à la ville et à la campagne. — Apprécia-
tion de l'infanticide. — Le Code pénal finnois. — Les trois
espéces de prisons. — Attributions de l'amende. — La pri-
son de Tavastehus. — L'assassin maniaque. — Commuta-
tion de la peine de mort en exil en Sibérie. — Texte de
l'ukase. — Exceptions. — Organisation des tribunaux en
Finlande. — La forteresse de Sveaborg. — Ses sept îles. —
Le tombeau d'Ehrensvärd. — Sveaborg livré aux Russes.
— Vers patriotiques de Tegner. — Les prisonniers de
Sveaborg. — Leur classification et leur régime. — L'amiral Lermontoff et ses dîners. — Un poëte finlandais et son
toast à Napoléon Ier. — Mme Lermontoff et la tête de mort.
— Bal au club de Sveaborg. — Dramatique aventure.

On peut aller en Finlande par terre et par mer.
J'ai usé de ces deux voies. Lors de mon troisième
voyage, en 1850, je m'embarquai à Travemünde,

petit port voisin de Lübeck, après avoir traversé en chemin de fer, la Belgique et l'Allemagne.

Quelques aventures assez plaisantes marquèrent ce voyage.

Parti de Paris par l'express du soir, dans un wagon bien complet, j'y causai d'abord avec un député belge, assis en face de moi ; puis, je m'endormis : tout le monde en fit autant. Nous étions au mois d'août ; le ciel assombri, les jours précédents, par des pluies torrentielles, s'était rasséréné, la lune brillait. Vers le matin, à l'aube, une rude secousse ébranla le wagon ; les voyageurs se heurtèrent l'un contre l'autre. Je m'élançai à la portière, l'ouvris et sautai à terre. Le train était arrêté, presque suspendu sur le talus d'un fossé que bordait un long mur ; la locomotive décrochée s'était embourbée à cent pas de là, dans un champ profondément trempé. Chacun se tâtait ; personne n'était blessé ; nous riions jaune, cependant. Mais, voici que du fond du wagon où nous l'avions oublié, un couple d'âge respectable et de tournure ridicule , sortit. Le choc entre l'homme et la femme avait été si violent qui'ils en avaient tous les deux le front bossué.

Nous rimes alors franchement.

— Eh ! bien, monsieur, dis-je au mari, avez-vous l'habitude d'embrasser madame aussi fort ?

— Dieu m'en préserve ! répondit-il, en roulant de gros yeux et en montrant le poing au train en détresse.

Cette réponse accompagnée d'un tel geste mit le comble à notre hilarité.

Nous dûmes attendre une autre locomotive que l'on nous expédia d'une station voisine.

Cela nous retarda quatre ou cinq heures, et m'obligea à rester à Bruxelles, où j'avais affaire, plus longtemps que je ne l'avais projeté.

Deux jours après, le soir, j'arrivai à Cologne, en route sur Hambourg. C'était la douane allemande. Je disposai mes malles pour la visite. Malheureusement j'avais oublié la clef de la plus grande. Le douanier grommela.

— Crochetez-la, lui dis-je brusquement.

Il fit signe à un garçon de service qui lui apporta un énorme trousseau de clefs.

Il les essaya l'une après l'autre ; aucune n'ouvrit.

Je trépignais, car j'avais faim, et l'arrêt n'était que d'une demi-heure.

Le douanier appela quelques-uns de ses camarades ; ils tinrent conseil, un conseil qui me parut interminable. Enfin, le directeur prévenu se montra ; on lui expliqua l'affaire.

— Monsieur, me dit-il, d'un ton bourru, avez-vous un passeport ?

— Le voilà !

Comme j'étais en mission j'avais un passeport diplomatique. Le directeur le lut, le relut, le rumina, puis, en concluant, sans doute, que je n'étais pas un contrebandier, il donna ordre de crayonner mes malles et de me laisser partir.

Je courus au buffet, m'emparai d'un poulet froid, d'un pain, d'une bouteille de vin ; et, en jetant le prix sur le marbre, je me précipitai vers un wagon où je montai. On sonnait le dernier coup.

Ce wagon n'était occupé que par deux personnes, un Anglais et sa femme. Je m'installai dans un des coins, et commençai à manger.

L'Anglais me regardait avec stupéfaction.

— *Do you speak english?* me dit-il.

— *No!* mais, vous, parlez-vous français, russe, suédois, danois, finnois? lui demandai-je à mon tour, en chacune de ces langues, non, n'est-ce pas? Alors, puisqu'on sait plus de langues que vous, laissez-moi tranquille.

L'Anglais était abasourdi.

— Aoh ! s'exclamait-il.

J'ai connu dans le monde beaucoup d'Anglais aimables et distingués ; mais, j'avoue qu'en voyage, je n'en ai jamais rencontré que d'incommodes et de grossiers. De là, ma façon de les traiter, façon cavalière, presque impertinente.

A Lübeck, je descendis à l'*Hôtel du Nord,* où, à mon grand dépit, j'appris que le bateau, sur lequel je comptais pour me rendre en Finlande, ne serait à Travemünde que dans douze jours. Ce n'est pas que Lübeck ne soit une ville intéressante, et que l'on ne puisse y rester même plus de douze jours sans ennui. Mais le temps était redevenu sombre et pluvieux, il pleuvait des heures entières à torrents. De plus, j'étais en proie à une névralgie qui ne me laissait aucun repos.

Cette névralgie datait déjà de plusieurs semaines. L'attribuant à une dent gâtée, j'avais livré ma mâchoire à un dentiste de Paris. Il m'arracha une dent; mais ce n'était point la coupable; il fallait recommencer. Le pourrais-je, à Lübeck? Aurais-je assez de courage pour m'abandonner à un dentiste allemand? Un jour que je traversais un grand marché de la ville, tourmenté d'une douleur intolérable, j'aperçus appliquée sur la porte d'une maison une enseigne portant ces mots : *Dentiste français*. Je montai chez lui.

C'était, en effet, un dentiste français, mais un dentiste de la vieille école, émigré depuis plusieurs années à Lübeck. Son cabinet ressemblait à une officine de tortionnaire; on y voyait suspendus aux murs des engins de toutes sortes : pinces, piques, ciseaux, marteaux, crochets de forme étrange; des tenailles longues de deux pieds.

Il me reçut très-poliment et me fit asseoir sur un vaste fauteuil. Puis, explorant ma bouche, il mit le doigt sur une dent creuse. « La voilà! » fit-il d'un air triomphal. En même temps, saisissant une de ses tenailles, il serra fortement la dent et l'enleva de son alvéole, en tirant à tour de bras; un morceau de la gencive pendait saignant autour de la racine. Je poussai un tel cri que toutes les têtes du marché se relevèrent. Cependant l'opération me soulagea; et le soir même, pour tuer le temps, je résolus d'aller au théâtre.

Quel théâtre ! Une vraie grange de village, où tout le monde fumait. Mais c'est du lustre, surtout, que j'ai gardé souvenir. Figurez-vous une grande couronne en fer-blanc, autour de laquelle une douzaine de quinquets étaient accrochés. Il en tombait dans la salle une lumière blafarde. Quand la pièce représentée exigeait un effet de nuit, on faisait descendre sur le lustre, au moyen d'une poulie fixée au plafond, un abat-jour en toile d'emballage, salie par un long usage. Rien de plus lugubre ! Je ne sais s'il en est encore de même aujourd'hui ; je suppose que, depuis les glorieuses conquêtes allemandes et malgré la misère dont elles ont doté le pays, les Lübeckois auront économisé assez d'argent pour se payer un lustre moins déplorable.

Le bateau était enfin signalé, un petit vapeur solide et bien équipé. Je me rendis à Travemünde. J'y trouvai affluence de passagers, entre autres le comte Mannerheim et sa famille dont j'avais fait la connaissance, à Helsingfors, dans mes précédents voyages. Le comte Mannerheim, mort depuis quelques années, était un savant de premier ordre, et sa renommée s'étendait au loin. Il paraît que l'entomologie lui doit de belles découvertes et de sérieux progrès. Quant à la comtesse, elle me rappelait tout à fait par son type de beauté, sa grâce et son esprit, la regrettée Emilie

Pouschkine. Elle me présenta ses enfants, dont l'un était devenu un charmant jeune homme et l'autre une jeune fille des plus agréables. La familiarité du bord nous mit sur un pied encore plus intime qu'autrefois; et, comme mes souvenirs de Finlande étaient toujours vivants, nos causeries sur ce pays et sur les personnes que j'y avais fréquentées étaient intarissables.

La comtesse avait une belle et forte voix; je l'avais souvent entendue applaudir dans les salons de Helsingfors. « Chantez-nous donc quelque chose, lui dis-je, un jour que le temps était très-calme. » Elle ne se fit pas prier; elle chanta deux ou trois de ces mélodies suédoises que la Nilsson a fait connaitre en France; puis des airs finnois dont l'harmonie est si douce, si pénétrante; enfin, comme le temps redevenait sombre, et que les ilots de granit couronnés de bouleaux et de sapins qui semaient notre route, avaient l'aspect d'antiques tertres funéraires, elle entonna en français un chant grave et triste, dont nous reprenions le refrain avec un sentiment de profonde mélancolie.

> Là finissent nos misères,
> Là reposent nos vieux pères,
> Jusqu'au jour du grand réveil,
> On y goûte un doux sommeil.

Parmi les passagers, se trouvait un personnage d'allure sérieuse, mais non moins obligeant, consul, de je ne me rappelle plus quelle puissance étrangère, à Uleåborg. Il nous offrit des poires de Lübeck, poires fondantes qui jouissent dans le nord d'une célébrité méritée. Je les appréciai d'autant plus que la névralgie m'ayant ressaisi, elles me mettaient dans la bouche une fraîcheur qui me faisait du bien. Le soir, quand tout le monde était couché, errant sur le pont en proie à une douleur des plus aiguës, je me heurtai contre un grand et haut panier en osier, à travers les mailles duquel j'aperçus les poires. Je me jetai dessus, et pensant qu'elles appartenaient à l'administration du bateau, j'en grignotai une belle quantité. « Bah ! me disais-je, puisque ma névralgie m'empêche de manger la cuisine du bord et que je la paye quand même, je puis bien me dédommager sur les poires. » Dans la journée, j'en offrais autour de moi, et les amateurs étaient nombreux. Bref, quand nous arrivâmes à Åbo, le panier était vide.

Alors le consul, que le mal de mer avait retenu dans sa cabine pendant toute la traversée, reparut. Il alla droit au panier et le considéra longtemps, l'air déconfit. Puis, le capitaine survenant, il eut avec lui un colloque des plus animés.

Je compris qu'il était le vrai propriétaire du panier; mais que faire ?

Je consultai la comtesse.

— Gardez le silence, me dit-elle, nous arrangerons l'affaire plus tard ; je m'en charge.

En effet, au mois de janvier suivant, nous rencontrâmes le consul, chez un sénateur de Helsingfors. Il y avait soirée et souper.

— Le voilà, me fit la comtesse, c'est le moment de s'exécuter; donnez-moi votre bras.

Nous l'abordâmes en le saluant gracieusement.

— Ah! madame la comtesse, monsieur, charmé de vous revoir...

Et la conversation s'engagea; le consul était très-gai.

— Vous rappelez-vous, cher monsieur, lui dit la comtesse, vos poires de Lübeck ?

— Ces belles poires que je rapportais à ma famille... Je crois bien que je me les rappelle... Je les regrette toujours... Leur disparition est restée pour moi un mystère.

— Eh! bien, voulez-vous connaitre les auteurs de cette disparition? C'est monsieur, c'est moi; nous nous étions imaginé qu'elles appartenaient au bateau.

Le consul s'efforça de sourire.

— Mon Dieu! pourquoi ne me l'avoir pas dit plus tôt! J'aurais été heureux, soyez-en sûre, qu'elles fussent tombées en si belles et si aimables mains...

— Il n'en aurait pas été heureux du tout, me souffla la comtesse; il fait maintenant contre mauvaise fortune bon cœur. Nous avons pris le meilleur parti... Si, au sortir du bateau, vous lui aviez avoué le fait et offert de l'argent, il n'aurait pas accepté et n'en aurait pas moins été furieux... Tout est bien qui finit bien.

Nous débarquâmes à Åbo. Ainsi, après avoir débuté dans mes premiers voyages par la nouvelle capitale de la Finlande, je débutais cette fois-ci par l'ancienne. En effet, de 1157 à 1812, Åbo a tenu le premier rang parmi les villes du Grand-Duché. Elle avait, en 1850, environ 7,000 habitants, elle en compte aujourd'hui près de 25,000. Ce qui la distingue, c'est d'avoir échangé son rôle de capitale politique contre celui de capitale industrielle. Åbo est le Manchester de la Finlande, un Manchester au petit pied, sans doute, mais bruyant d'usines, d'ateliers et de chantiers. La marine impériale russe y fait construire ses chaloupes et ses yachts. Une garnison de 1,200 hommes y est en permanence.

Åbo est le siège de l'archevêché de Finlande ; le chef-lieu du gouvernement d'Åbo et de Björneborg. Son port intérieur, vaste et commode, se prolonge fort avant dans la ville, mais ne reçoit que des bâtiments d'un tirant d'eau de neuf à dix pieds ; ceux d'un tirant plus fort s'arrêtent à Beckholmen, son port intérieur, situé à trois verstes plus loin, vers le nord-ouest. Diverses passes conduisent à Åbo, les unes partant de la Baltique, les autres du golfe de Bottnie ; toutes d'accès difficile ; il est dangereux de s'y aventurer sans pilote.

Åbo est une ville assez souriante. Le feu l'ayant entièrement détruite en 1827, elle a été rebâtie dans le goût moderne, et suivant cette régularité symétrique qui caractérise toutes les villes russes. Deux monuments seulement y rappellent les temps passés : sa cathédrale et son château.

La cathédrale d'Åbo est un des modèles les plus remarquables du style gothique qui existent dans le nord. Elle date de 1292 et a eu pour fondateur Magnus, le premier évêque d'origine finnoise, qui la consacra à la vierge Marie et à saint Henri, l'apôtre martyr de la Finlande. Solidement assise sur le roc, elle a résisté aux incendies, aux pillages, à toutes les attaques, immobile au milieu des ruines qui s'entassaient autour d'elle. Elle domine la hauteur d'*Unikanyari* (colline du sommeil), qui abritait jadis un cimetière, environné d'une forte muraille de 1,340 pieds de circonférence, percée de meurtrières. Longtemps son trésor a été renommé; les riches dons y affluaient, envoyés soit par les évêques, soit par d'illustres personnages du pays, dont les cendres reposent encore sous ses voûtes profondes. Il est difficile de contempler le vieux monument sans émotion, car à l'intérieur, comme à l'extérieur, il offre un un aspect des plus imposants.

Trois petites églises, très-proches l'une de l'autre, ce qui est extraordinaire en Finlande, les églises de Haleko, d'Uskela et de Saint-Bertel, situées à quelques lieues d'Åbo et relevant de sa cathédrale, frappèrent mon attention. Par elles-mêmes, elles n'ont rien de remarquable; mais une curieuse légende s'y rattache. On raconte que le chevalier Horn de Käski, seigneur de Viurila, dégoûté de sa jeune et belle épouse, s'éprit d'une de ses suivantes. Celle-ci, rêvant de remplacer sa maîtresse, l'attira insidieusement dans un pavillon voisin du château où sous un prétexte quelconque elle avait déjà envoyé un de ses plus jolis pages. Puis elle les enferma et courut prévenir son maître de l'infidélité de sa femme. Furieux, d'aucuns disent de connivence avec la suivante, le chevalier livra le pavillon aux flammes, en sorte que la dame et le page furent brûlés. Un cri d'horreur retentit dans tout le pays ; mais le chevalier était puissant, nul n'osa l'accuser ; alors la famille de la victime s'adressa à Rome qui lança contre le coupable un arrêt d'excommunication. Pour expier son crime, le chevalier dut bâtir trois églises et faire, sur ses genoux, le trajet qui les séparerait. On comprend maintenant pourquoi il fixa entre elles une distance aussi courte. D'après la légende, cet événement remonte à l'an 1440 ; telle est aussi la date que l'histoire attribue à la fondation des trois églises.

Je ne restai à Åbo que quelques jours pris, en très-grande partie, par mes visites au château. Le château, bâti au douzième siècle par Erik le saint, était destiné à protéger la ville. Il s'élève à l'embouchure de la rivière d'Aura, sur un cap entouré d'eau de tous côtés. Souvent dévasté par les guerres, il fut entièrement réparé sous les rois Albrecht, Charles VIII Knutson et Gustave Wasa. Outre ses quatre tours qui battent le port, il est flanqué au midi d'une haute muraille avec un triple rempart de terre et un double fossé ; un nouveau bâtiment a été ajouté plus tard à l'ancien, mais d'un genre différent. Le château d'Åbo a servi de résidence au duc Jean et de prison au roi Erik XIV ; il renferme une église et un arsenal considérable. Le reste des logements sert de magasins à blé et à poudre ou de prison.

On n'enferme dans ce château que les grands criminels. Ils occupent des loges basses, voûtées et percées de petites fenêtres garnies de barreaux de fer. Quand je voulus entrer dans une de ces loges, on me fit accompagner par quatre soldats. Cette escorte pouvait être nécessaire, car, il n'est pas inouï, que des condamnés se soient jetés sur un visiteur étranger pour se venger sur lui des rigueurs de la justice.

Un de ces condamnés était enchaîné d'une façon exceptionnelle. Imaginez une traverse en fer du poids de trois cents livres, passée dans d'énormes anneaux rivés au-dessus de la cheville, mais soutenue par deux petits coussinets en cuir, afin de préserver la jambe qui infailliblement eût été déchirée et broyée.

Je m'approchai du condamné pour mieux examiner ses fers. Celui-là avait tué trois hommes.

— Comment, lui dis-je, peux-tu marcher avec un pareil poids ?

— Oh ! c'est très-facile, répondit-il en souriant d'un air narquois.

Et il se mit à faire quelques pas avec une aisance surprenante, j'éprouvais quant à moi, une sorte d'effroi, en entendant sous la voûte sombre le frottement de la traverse de fer contre les anneaux de fer.

Une des parties les plus intéressantes de la prison, c'était l'infirmerie. Elle était tenue avec un soin et une propreté admirables. Le plancher était jonché de petites branches de sapins odoriférantes; les tables ornées de vertes guirlandes; les armoires et les buffets où étaient placés les ustensiles de service, décorés de franges de papier, de feuilles et de fleurs. Toute cette coquetterie était l'ouvrage des prisonniers. Quel contraste avec ce que je venais de voir sous les loges voûtées !

Puisque je suis à la prison d'Åbo, j'en prendrai occasion de donner quelques détails sur la criminalité et par suite sur les éléments de la vindicte publique, en Finlande. C'est une matière des plus intéressantes, des plus propres à initier au génie d'un peuple et je l'aborde avec d'autant plus de sûreté que, envoyé en mission par le ministère de l'intérieur, j'ai dû en faire l'objet d'une étude officielle.

Deux catégories de crimes : les crimes graves, *gröfre brott,* et les crimes légers, *lindrigare brott.*

Je prendrai successivement chacune de ces catégories.

D'abord les crimes contre la propriété. Ce sont les plus nombreux; ils dépassent l'ensemble des autres crimes de plus de moitié. Le vol commis sur les grands chemins, à main armée, est stigmatisé d'un terme énergique. On l'appelle *Rån,* sacrilége. Ainsi aux yeux de la loi finlandaise, le grand chemin est considéré en quelque sorte comme un temple et le voyageur comme le protégé de Dieu. Autrefois, quand la force primait le droit, le vol dont il s'agit passait pour un acte de courage et ne donnait lieu qu'à une simple amende ; aujourd'hui il entraîne la peine de mort. En Finlande les voleurs de grands chemins sont rares.

Il en est de même des assassins. Le Finlandais n'assassine guère de sang-froid ; il faut qu'il y soit poussé par une surexcitation exceptionnelle ou par la passion de la vengeance. Sur ce dernier point le Finlandais est Corse : quand il en veut à quelqu'un, il ne manque jamais de se venger, mais il est patient ; il attend son heure. On en a vu épier durant de longues années, un, entre autres, durant près de vingt ans, la prospérité croissante de leur ennemi, le seconder même dans ses entreprises ; puis, au moment où, parvenu au comble de ses vœux, il n'avait plus qu'à jouir des biens qu'il avait acquis, le frapper tout-à-coup par le fer et par le feu, et l'ensevelir lui et les siens sous une épouvantable ruine.

C'est dans le gouvernement septentrional de Wasa que les meurtres, les coups et blessures, sont le plus fréquents. Ceci tient aux habitudes de la région. Dès l'âge de dix ans, les enfants ne sortent qu'avec un couteau pendu à leur ceinture. A la moindre querelle, ils s'enflamment et n'hésitent pas à verser le sang. Dans cette région, les mariages eux-mêmes sont une occasion de combat. Les couteaux s'y mêlent aux bouquets ; on s'y défie à qui supportera le plus d'acier, en sorte que plus d'un invité, accouru le matin alerte et joyeux, s'en retourne le soir plus ou moins mutilé. Les femmes, qui s'attendent à ces scènes meurtrières, ont toujours soin en allant à la noce d'emporter avec elles du linge et de la charpie. *Noce où il n'y a personne de tué,* dit un proverbe finnois, *ne vaut rien.*

Parmi les meurtres, la loi finlandaise range le suicide et le punit sévèrement. Elle porte textuellement que lorsque le suicide est constaté, le corps du défunt doit être enlevé par le bourreau et enterré secrètement au fond d'un bois. On trouve toujours, on le comprend, cent raisons pour que cette loi ne soit point appliquée. En 1876, on a compté dans toute l'étendue de la Finlande, soixante-huit cas de suicide. Quant à la tentative de suicide, elle est ordinairement punie de la prison.

Du parricide, il ne saurait être question. La Finlande est un des pays du monde où le culte de la famille est le plus développé ; il faut qu'un fils ait été frappé de folie pour attenter aux jours de son père.

Il en est autrement de l'infanticide ; il s'en produit en moyenne de soixante à soixante-dix par an. Les causes les plus habituelles sont la misère ou la honte, la honte surtout dans les campagnes où l'opinion flétrit impitoyablement les filles mères. Dans les villes, au contraire, moins farouches aux scandales, ces filles, trouvant toujours à se placer comme nourrices, échappent à la tentation de tuer leur enfant. Je ne parle ici que des filles mères ; l'infanticide commis par une Finlandaise mariée est une monstruosité presque inconnue. Ajoutons que, vis-à-vis de l'infanticide, la loi s'inspirant beaucoup plus de l'esprit des villes que de celui des campagnes, se montre d'une indulgence extrême. Je pourrais citer tel juriste éminent, professeur à l'université de Helsingfors, qui, à en juger par ses écrits en faveur des filles coupables, leur décernerait volontiers une couronne de rosière.

Les attentats aux mœurs n'atteignent qu'un chiffre insignifiant ; on n'en compte qu'une quinzaine déférés annuellement aux tribunaux. D'après la loi, le crime de bestialité est passible d'une peine bizarre : l'homme et la bête sont mis à mort, et leurs corps livrés aux flammes. Cette peine, il est vrai, ne s'applique plus ; elle est commuée, le cas échéant, en celle de la prison.

La loi finlandaise comprend encore, parmi les crimes graves, les attentats contre Dieu, contre l'Église, le blasphème, le sacrilége, le parjure, le refus d'avouer son crime dans l'acte de pénitence publique. On entend par pénitence publique, une amende honorable que le condamné fait dans l'église de sa paroisse en présence de tout le peuple assemblé. Celui qui s'y refuse est mis au pain et à l'eau, d'abord pour huit jours, ensuite pour quatorze jours, sans préjudice d'autres peines plus sévères, si l'on ne peut autrement vaincre sa résistance.

Toute violence contre les propriétaires et les chefs de famille ou de maison, contre les officiers publics et les employés dans l'exercice de leurs fonctions ; les patrouilles militaires, les veilleurs de nuit, les courriers de poste, les administrations des prisons, à l'effet de délivrer les prisonniers, le commandant d'un navire, les parents et les supérieurs, est aussi réputée crime grave. Il faut y ajouter la diffamation, la calomnie, l'ivrognerie habituelle, etc.

Des crimes légers, je ne signalerai que les plus caractéristiques : l'ivrognerie accidentelle, la violation des réglements concernant la fabrication et la vente de l'eau-de-vie, la violation du dimanche, le meurtre involontaire, la contrebande, l'incendie accidentel d'une forêt, etc. Les peines infligées aux crimes graves sont la mort, la fustigation, les travaux forcés et la prison ; aux crimes légers, l'amende.

D'après un ukase du 4 mai 1826, la peine de mort est virtuellement abolie en Finlande. Les hommes sont déportés aux mines de Sibérie ; les femmes enfermées dans une maison de correction et de travail du pays. Toutefois, par suite d'un ukase du 24 février 1843, les femmes peuvent également être déportées en Sibérie, où on les interne dans les fabriques de la couronne. Malgré ces dispositions, un quart des condamnés tout au plus subissent la peine de la déportation ; les autres sont envoyés dans les forteresses locales.

La fustigation s'administre par le fouet : quatre-vingts coups au *maximum* pour les hommes, soixante pour les femmes. Il ne faut pas confondre cette fustigation avec le knout russe ; le knout russe est une invention exclusivement barbare.

Les travaux forcés comportent l'incarcération dans

une forteresse ou dans une maison de correction et de travail.

La prison se distingue en prison simple, prison au pain et à l'eau, prison au pain et à l'eau sans sel. Cette dernière peine est terrible. Habitué à une nourriture salée qui le fortifie, le Finlandais, privé de sel, arrive en peu de temps à un tel état de débilité qu'il en mourrait infailliblement, si l'on n'abrégeait le régime. C'est pourquoi la justice ne l'inflige qu'avec une extrême prudence.

Quant à l'amende, elle se paie en argent ou en nature et, en cas d'insolvabilité, par un emprisonnement correspondant. Suivant la nature des affaires, elle se partage entre les pauvres, les communes, les plaignants et la justice.

En général, sur mille condamnés, on en compte sept à mort, trente-six à la fustigation, quinze aux forteresses ou aux maisons de correction et de travail, dix-huit à la prison simple, dix-sept à la prison au pain et à l'eau. Restent par conséquent neuf cent-trois condamnés à l'amende, ce qui produit chaque année une moyenne de quatre cent mille marcs (1).

En prenant une des années les plus chargées, je ne relève qu'un seul cas d'empoisonnement, cinq viols, quatre adultères doubles, trente-sept adultères simples, onze mariages illégaux, deux querelles entre

(1) Le marc finlandais, *markka*, divisé en cent *penni*, vaut un franc. On a frappé récemment en Finlande des pièces d'or de dix et de vingt marcs.

époux, trente cas d'outrages envers les parents, sept cas de fraudes en matière commerciale, vingt-sept faux, trois vols sacriléges, etc. C'est là, à coup sûr, relativement au chiffre de la population, un effectif criminel modéré. Il ne faudrait pas cependant le considérer comme un *criterium* absolu de la moralité du pays. Je n'ai, en effet, relevé que les crimes jugés : or, il est à supposer que beaucoup d'autres n'avaient pu l'être, n'ayant pas été découverts. La police finlandaise, pas plus que celle de France ou d'Angleterre, n'a la prétention de mettre la main sur tous les malfaiteurs.

J'ai visité quelques prisons. En 1850, malgré le nombre et l'excellence des règlements, elles étaient assez mal tenues ; elles laissaient du moins fort à désirer. On y a remédié en partie depuis. Je n'y rencontrai que deux ou trois grands criminels à sinistre figure. Le Finlandais d'un naturel si doux, si calme, si résigné, une fois lancé dans le crime devient un monstre. Les châtiments les plus durs ne l'atteignent pas, la Sibérie ne l'effraie pas ; pour lui c'est l'inconnu, c'est la course aux chanceuses aventures. Aussi bien, si, pour échapper à la monotonie du cachot, si, pour échanger sa chaîne de forçat vulgaire contre celle d'exilé sibérien, il lui faut un meurtre de plus, il n'hésitera pas. Parfois, il tue pour tuer.

La prison de Tavastehus a abrité, pendant quelques mois, un assassin formidable nommé Adamsson. Sa condamnation ne l'avait point abattu ; il n'aspirait qu'à se repaitre de sang, et il en épiait l'occasion avec l'avidité de la bête féroce. Un jour, un jeune garçon de service étant entré dans son cachot pour lui porter sa nourriture, il jeta sur lui un regard suppliant : « Approche, lui dit-il, avec larmes, et soutiens un instant ces fers, qui me causent une horrible souffrance. » Le jeune garçon s'approcha, mais, à peine fut-il à la portée du misérable, que celui-ci l'étreignant dans ses bras, l'étouffa.

Quand les gardiens descendirent pour voir ce qu'était devenu le jeune homme, ils le trouvèrent inanimé, gisant à terre, tandis qu'Adamsson le contemplait avec une volupté calme, comme si ce nouveau crime eût soulagé en lui l'irrésistible besoin qu'il éprouvait de tuer.

Sans l'ukase du 21 avril 1826, dont j'ai parlé plus haut, Adamsson eût certainement porté sa tête sur l'échafaud ; il fut, si je m'en souviens, déporté à perpétuité en Sibérie.

L'oukase de 1826, qui abolit la peine de mort en Finlande, est curieux à plus d'un titre. Il nous explique notamment ces exécutions capitales qui sévissent aujourd'hui en Russie contre les nihilistes. Je crois devoir en donner ici la traduction textuelle.

« Nous, Nicolas Ier, etc... Depuis que nous avons pris en main le gouvernement des divers États soumis à notre sceptre, l'application et l'exécution des lois criminelles du Grand-Duché de Finlande, dans les cas où ces lois décrètent la peine de mort, ont été l'objet de notre plus vive sollicitude.

« D'un côté, nous trouvions que la formule absolue de ces lois n'était point compatible avec nos principes fondés, tant sur nos convictions intérieures que sur l'ensemble de la législation de notre empire; d'un autre côté, nous ne pouvions négliger ce devoir de conscience que nous nous sommes prescrit à nous-même, savoir, de n'approuver ni de confirmer les sentences de mort déférées à notre sanction impériale, bien que rendues conformément à la loi finlandaise, lorsque ces sentences n'étaient point appliquées à un des crimes qui menacent réellement *la paix de l'État, la sécurité du trône, le caractère sacré de la majesté.*

« Attendu ces considérations, et puisque ni le temps, ni les circonstances ne permettent de convoquer actuellement les États du pays, pour arriver, sous le rapport en question, à un changement dans la loi générale, nous déclarons vouloir et, cela appuyé sur les lois fondamentales, user désormais de notre droit de grâce dans toutes les affaires criminelles autres que celles par nous mentionnées, et faire remise au condamné de la peine de mort.

« A ce sujet, il n'a pu échapper à notre attention qu'en obligeant les criminels auxquels nous conservons la vie à expier leur crime par le châtiment corporel et les travaux publics à perpétuité, ce serait un danger pour l'ordre public, si ces travaux continuaient à être accomplis dans l'intérieur de la Finlande et de ses forteresses, que, d'un autre côté, la gradation nécessaire et convenable qui doit exister entre lesdits condamnés à mort et les autres criminels ne pourrait être observée; qu'enfin ces hommes dangereux pour la sécurité des personnes ne perdraient point l'espoir de rentrer un jour au sein de la société.

« Pour obtenir ces résultats et remplir ainsi le but de la peine de mort et les intentions du législateur, nous avons décrété que tous les individus du sexe masculin (1) condamnés à mort, seraient déportés à perpétuité dans les mines de l'Oural, situées dans les gouvernements orientaux de notre empire.

« En conséquence, et, après avoir pris l'avis du sénat de Finlande, nous avons arrêté les dispositions suivantes :

« Lorsqu'un criminel jugé et condamné à mort, par les lois de Finlande, a reçu de nous commutation de sa peine, sans pourtant qu'il soit trouvé digne, soit à cause de la gravité de son crime, soit par suite d'autres circonstances, d'accomplir sa peine dans les forteresses du pays, en y étant condamné aux travaux forcés; ce criminel, après avoir passé par la peine du fouet et subi la pénitence publique dans l'église la plus voisine de la prison, où il est renfermé, doit être expédié immédiatement, et sous une garde sûre et sévère, dans les gouvernements lointains de la Sibérie ci-dessus désignés, pour y être employé aux travaux des mines. Il perd, en même temps, par sa condamnation à la déportation perpétuelle, tous ses droits civils, soit par rapport au

(1) Nous savons déjà que, depuis 1843, la déportation en Sibérie peut aussi s'appliquer aux femmes.

mariage, soit par rapport à l'héritage, soit par rapport aux priviléges qui peuvent appartenir à la société dont il faisait partie. Cependant, nous ordonnons qu'il soit pris des mesures aux lieux de déportation pour que tous les individus qui y arrivent y trouvent tous les secours que réclame l'état de leur âme, et y jouissent des consolations de la religion qui leur est propre. »

Cette façon d'envisager la déportation en Sibérie est saisissante. Ainsi, d'après les paroles mêmes de l'autocrate, elle est l'équivalent de la mort. Elle dissout le mariage, elle abolit l'héritage, elle anéantit tous les droits et priviléges de société et de famille. Le déporté à perpétuité n'existe plus pour personne ; c'est l'arbre foudroyé, oublié, inconnu, dans l'immense désert. Et ce qui est à remarquer, c'est que la mort, la vraie mort supprimée pour les plus grands crimes contre ses semblables, est réservée exclusivement aux crimes politiques. Ailleurs, on rêve le contraire.

J'ajourne à mon prochain volume sur la Suède ce que j'aurais encore à dire touchant les prisons et autres établissements pénitentiaires de la Finlande. Leur organisation dans les deux pays, procédant originairement des mêmes lois, est à peu près identique. Je m'arrêterai seulement à la forteresse de Sveaborg.

Cependant, avant d'aborder cette place célèbre, quelques mots me paraissent nécessaires, sur les institutions judiciaires du Grand-Duché.

Trois instances : les tribunaux inférieurs, les cours, la cour suprême.

Les tribunaux inférieurs sont de deux sortes : ceux des villes et ceux des campagnes ou de districts; les premiers sont au nombre de trente-et-un, les seconds de cinquante-neuf; et comme ces derniers sont nomades, c'est-à-dire qu'ils siégent chaque année tour à tour, en quatre ou cinq points du district, ils s'élèvent en réalité à deux cent-seize. Chaque tribunal de district se compose d'un juge et de cinq ou six assesseurs pris parmi les paysans les plus recommandables. En général, les causes s'y plaident verbalement. De même dans les tribunaux des villes, lesquels sont présidés par le bourgmestre, assisté de quatre conseillers.

Les cours siégent à Åbo, Nicolaistad et Wiborg; la cour suprême au sénat, où elle se confond avec le département de la justice. Dans les cours et au sénat, on ne plaide que par écrit.

A chaque diète, le procureur général présente un rapport sur l'administration de la justice pendant la dernière période quinquennale (1).

Voici Sveaborg! C'était jadis le Gibraltar de la Suède. Un bras de mer de cinq kilomètres le sépare, au sud-est, de Helsingfors. Œuvre du feld-maréchal, comte Ehrensvärd, un des hommes les plus il-

(1) Pour plus de détails, voir la notice statistique publiée en français par M. Ignatius, à l'occasion de l'exposition universelle de 1878. M. Ignatius, directeur du bureau de statistique de Finlande, est un des hommes les plus savants et les plus compétents en cette matière. Ses ouvrages, très-consciencieux et très-sûrs, font autorité.

lustres de la Scandinavie, la forteresse de Sveaborg, commencée en 1749, fut achevée en 1759. Les frais de construction montèrent à cinquante millions.

Sveaborg est bâti sur sept îles, flanquées de travaux formidables. J'en ai donné la description dans ma *Baltique* (1). Au centre d'une de ces îles, sur une grande place, se trouve le tombeau d'Ehrensvärd.

C'est un sarcophage en granit, terminé à chaque extrémité par une poupe et une proue en bronze, de manière à figurer un navire dont la tête et la queue seraient en bronze et le corps en granit. Au-dessus, un bouclier en bronze surmonté d'un immense casque en bronze, près duquel s'allonge un grand glaive avec son baudrier. On y voit une croix russe, puis une croix de Malte, aux quatre croisillons de laquelle sont quatre têtes d'ange.

Une inscription, gravée sur le tombeau, rappelle la date de la fondation de Sveaborg et le nom du roi sous lequel cette fondation a eu lieu. Au-dessous est l'épitaphe du fondateur, consistant en ces simples mots : « *Ici repose Augustin Ehrensvard entouré de ses œuvres, la forteresse de Sveaborg et la flotte de l'armée.*»

Sveaborg est, pour la Suède, un douloureux souvenir. Elle l'a perdu en 1808, sans même que son commandant, l'amiral Cronstedt, eut fait un seul effort

____

(1) *La Baltique*, page 186 et suivantes. Un volume in-12, chez Hachette et Cᵉ. Paris. 1855.

sérieux pour le défendre. La politique ou la trahison, les deux peut-être, l'ont livré aux Russes. Et pourtant, cette forteresse, que tout le monde regardait comme imprenable, avait encore au moment de sa reddition 6,000 hommes de garnison, 2,500 canons, 80 vaisseaux, et une immense quantité d'approvisionnements de toute espèce.

— O Finlande, patrie de la fidélité, s'écrie, à ce sujet, le poëte suédois Tegner, ô forteresse qu'Ehrensvärd a construite, tu as été arrachée du cœur de la Suède ainsi qu'un bouclier sanglant ! Un trône s'élève du fond de ces marais dont nous connaissons à peine le nom ; et les tzars forgent des chaînes pour les peuples là où naguère paissaient nos troupeaux. Adieu, ô rempart de la Suède, adieu, terre des héros ! Vois, les flots du golfe de Bottnie portent nos larmes jusqu'à tes rivages... Pleure, ô Suède, pleure ce que tu as perdu !

Sveaborg est à la fois un établissement maritime et militaire et une prison, la plus considérable du Grand-Duché. On y trouve des condamnés ordinaires et des condamnés politiques. Ceux-ci sont enfermés dans l'ile de Längörn et ne sortent de leur cachot qu'à l'expiration ou à la remise de leur peine. Ceux-là, au contraire, sont employés à divers travaux, soit dans l'intérieur de la forteresse, soit dans la ville de Helsingfors. Les particuliers sont même autorisés à les enrôler pour leur compte, mais à la condition de leur payer un salaire déterminé et d'en répondre. Il n'y a d'exceptés que les condamnés à perpétuité.

Les prisonniers, à Sveaborg, portent un habillement de gros drap foncé, uni ou à carreaux, tel à peu près que celui de nos galériens. Les condamnés à perpétuité se distinguent par un losange en drap noir cousu au milieu du dos. Une lourde chaîne est rivée à deux anneaux fixés à leurs pieds, au-dessus de la cheville ; ils la relèvent au moyen d'une courroie, ce qui ne les empêche pas de faire un grand bruit en marchant. Tous ces prisonniers ont un aspect repoussant et sont d'une effrayante malpropreté. Ils prennent pourtant, deux fois par semaine, ce que nous appelons un bain russe ; on les y conduit deux à deux, chacun portant sous le bras son linge et le paquet de verges de bouleau dont ils se fouettent le corps pour activer l'action de la vapeur. La privation trop prolongée de son bain, pour un prisonnier finlandais, équivaudrait presque à une condamnation à mort.

J'allais souvent de Helsingfors à Sveaborg, surtout en 1850 : pendant l'été en bateau, pendant l'hiver en traineau. Cela me rappelait mes courses par glace entre Pétersbourg et Cronstadt (1). L'amiral Lermontoff, qui y commandait à cette époque, m'envoyait chercher avec sa chaloupe et ses rameurs en uniforme.

Un vrai Russe, cet amiral Lermontoff, un orthodoxe pur sang ; prodigue de génuflexions et de signes de croix. Il avait occupé une place de directeur au ministère de la marine et l'on racontait qu'en bon *Tschinownik*, il y avait fait ample curée ; pour ma

(1) V. *l'Ours du Nord*, page 2 et suiv.

part j'avais lieu d'en être satisfait : il se montrait vis-
à-vis de moi d'une gracieuse prévenance et d'une hospitalité retentissante.

J'allai lui faire une visite presque aussitôt après
mon arrivée à Helsingfors. Il me retint à dîner.

— Cher monsieur, me dit-il, nous sommes on ne
peut plus heureux de vous revoir en Finlande. Regardez, je vous prie, ma maison comme la vôtre et
souvenez-vous que votre couvert sera mis ici tous les
jours. Je vous ferai passer en revue tous les vins de
ma cave, afin que vous choisissiez ceux que l'on devra
vous servir habituellement.

J'avais trop expérimenté les démonstrations des
Russes pour prendre ce bel étalage au sérieux. Je me
réservai, tout en remerciant l'amiral, d'en profiter
pour le taquiner.

Cinq ou six bouteilles des meilleurs crus de
France trônaient sur la table. Je les dégustai, j'en
fis l'éloge, mais sans accentuer de choix définitif.

Au second dîner, je ne trouvai que le xérès ordinaire et le kwass. C'était fatal ! j'attendis ; ne
voyant rien venir, j'interpellai l'amiral.

— Eh ! bien, mon amiral, vous m'aviez dit que
votre cave était si bien garnie, et que...

— Ah ! c'est vrai... pardon !... Ivan, tu as oublié
les vins... cours vite à la cave...

Ivan remonta avec deux bouteilles de bordeaux.

— Est-ce celui que vous avez choisi ?

— Je n'en ai encore choisi aucun ; j'aime à épuiser
tous les termes de comparaison.

Au troisième, au quatrième dîner, même comédie. J'aurais pu la prolonger encore, mais c'eût été monotone, et en tout cas inutile. Il n'y a pas de plaisir à galvaniser les morts.

Parmi les convives que l'amiral avait invités pour me faire honneur, se trouvait le poëte Topelius. Celui-ci avait composé des vers enthousiastes sur le porphyre rouge que j'avais rapporté, en 1846, d'Olonetz, gouvernement russe, enclavé jadis dans la Finlande, pour former le sarcophage de Napoléon Ier, sous le dôme des Invalides (1). Il nous la débita, en forme de toast, au moment du dessert : en voici la traduction :

— Versez le champagne écumeux, le vin, le noble vin de France. Camarades, un verre de champagne pour l'empereur Napoléon !

— Dans l'église des Invalides à Paris, un tombeau s'élève, destiné à sa glorieuse poussière. Garde à vous ! De vieux braves, au corps mutilé, mais à l'âme vaillante, font sentinelle autour de ce tombeau.

— Ils sont là comme autrefois à Austerlitz, protégeant le sommeil de leur maître. Entendez-vous déjà sonner l'heure de son réveil !

— Versez le champagne écumeux, le vin, le noble vin de France ! Camarades, un verre de champagne pour l'empereur Napoléon !

— Mais, voyez-vous ce bloc de porphyre ! Il couvre de sa masse pesante les rêves mystérieux du

(1) V. *l'Ours du Nord*, page 187 *et passim*.

héros. Étrange destinée que celle de cette pierre !

— Napoléon était à Tilsitt : tout l'univers s'inclinait devant lui, et de sa main victorieuse, il distribuait des trônes et des couronnes ; et la Finlande, l'obscure Finlande vint fixer un instant sa pensée...

— Maintenant quarante ans se sont écoulés ! La chaîne de la puissance de l'empereur a vu briser tous ses anneaux. Mais, la Finlande lui reste fidèle ; elle lui envoie un gage de sa reconnaissance : un bloc de porphyre arraché de son sein. Pouvait-elle mieux honorer le sépulcre du dieu !

— Versez le champagne écumeux, le vin, le noble vin de France ! Camarades, un verre de champagne pour l'empereur Napoléon !

L'amiral applaudit de toutes ses forces, raisonnant et déraisonnant sur Napoléon à tort et à travers. Sa philosophie n'était point à la hauteur du grand homme. Il en était autrement du général Ramsay dont il a été question plus haut, à propos d'un bal du jour de l'an. L'empereur Nicolas, pendant un voyage en Finlande, étant venu le voir dans son cabinet, aperçut sur son bureau un buste de Napoléon. Il en fut surpris. Peut-être s'attendait-il à n'y trouver que le sien.

— Pourquoi, lui demanda-t-il, gardes-tu ce buste !

— Je le garde, sire, répondit gravement le général, pour avoir toujours sous les yeux le plus grand exemple des vicissitudes humaines.

Mme Lermontoff s'amusait beaucoup des taquineries que je décochais à son mari. Parfois, cependant, elle me priait de le ménager. C'était une aimable et spirituelle Courlandaise, franche, épanouie, mais, à certains jours, doucement mélancolique. Elle avait dans sa vie, un triste souvenir qu'elle symbolisait en portant, constamment sur son sein, une grande épingle d'or couronnée d'une tête de mort en ivoire.

Née baronne, Mme Lermontoff, suivant l'usage russe, en conservait le titre; dans son monde, on ne l'appelait que la baronne.

Elle se morfondait à Sveaborg. Une femme délicate et distinguée devait, en effet, se trouver mal à l'aise dans ce milieu presque exclusivement composé d'officiers russes, de fonctionnaires gourmés et de leurs vulgaires épouses; si elle sortait en ville, elle n'avait devant elle que des maisons teintes en rouge, semblables à des usines, des rues sales, à peine pavées, et coupées, à chaque instant, par des trous où dormait une eau putride. Pendant la nuit, quelques rares lanternes y projetaient une lueur lugubre. C'est pourquoi Mme Lermontoff saisissait toutes les occasions de venir à Helsingfors. Malheureusement, ces occasions étaient rares. Puis, par les temps sombres ou orageux, le voyage était impossible. D'ailleurs, ses devoirs de mère de famille la retenaient; elle surveillait l'éducation de ses filles; « enfin, ajoutait-elle, en souriant, il faut que la femme d'un commandant soit toujours à son poste. »

Il m'arriva, un jour, à Sveaborg, une aventure assez originale.

C'était le 31 octobre 1850 : la pluie qui tombait depuis quelques jours ayant cessé, j'étais allé me

promener sur le port de Helsingfors. Un aide de camp
de l'amiral, qui arrivait de Sveaborg dans son bateau,
m'aperçut et m'appela.

— Voulez-vous, me dit-il, venir avec moi à la
forteresse? C'est aujourd'hui l'ouverture des bals
du club ; l'amiral m'a chargé de vous amener pour le
diner.

— Quand repartez-vous?

— Dans dix minutes ; le temps seulement d'acheter
des cigares. M'accompagnez-vous?

— Mais, s'il s'agit d'un bal, il faut bien me donner
le temps d'aller mettre un habit.

— C'est inutile ; le bal est sans façon ; les hommes
en surtout, les dames en robe montante.

— Alors, je suis à vous.

Après le diner, je me rendis au club avec la famille
Lermontoff, sauf les deux demoiselles, qui préférè-
rent rester à la maison avec leur gouvernante. Nous
étions en voiture, car, bien que la distance fût très-
courte, la pluie ayant recommencé à tomber, on ne
pouvait se hasarder à la franchir à pied.

Le club occupe un des bâtiments intérieurs de la
forteresse. Le local en est vaste ; il se compose d'une
salle de bal, d'un salon de réception, d'une salle de
billard, de salons de jeu, d'une chambre de toilette
pour les dames, d'un buffet et d'une salle à manger.
Ce sont les mêmes appartements qui étaient réservés
jadis aux rois de Suède. Murs épais, voûtes basses et
puissamment arquées, fenêtres étranglées, en forme
de meurtrières, percées de biais, de façon à pointer

sur l'unique passe du golfe praticable aux vaisseaux de guerre. J'étais là en pleines casemates; le bruit de l'orchestre me faisait l'effet du bruit du canon : qui sait si le parquet sur lequel on dansait ne recouvrait pas une mine!

Je fis le tour du bal, donnant le bras à la baronne. A son approche, les officiers faisaient le salut militaire, les dames se levaient. Elle causait avec tout le monde; un oubli de sa part eût été un événement. Société étrange, surtout dans la partie féminine : ni aristocratique, ni bourgeoise, ni plébéienne; quelque chose d'hybride, d'inculte, mais d'une prétention sans égale. Et quel genre ! quelles conversations ! quelles toilettes ! La baronne était là comme égarée. Fleur au milieu des ronces, ou plutôt, suivant l'expression d'une dame de Helsingfors, « gazelle au milieu des louves; » car ces matrones qui la saluaient jusqu'à terre lui portaient une jalousie féroce et ne manquaient aucune occasion de la déchirer.

Au bout d'une heure et demie, je séchais d'ennui.

— Est-ce que vous restez jusqu'à la fin, baronne?

— Hélas! il le faut bien. Si je partais maintenant, on attribuerait ma désertion au dédain, et Dieu sait ce qui arriverait.

— Les inconvénients de la grandeur!... Ce n'est pourtant pas gai...

— A qui le dites-vous?... Aussi, je vous rends votre liberté; tâchez seulement de vous éclipser, sans qu'on le remarque trop; ce serait un nouveau grief contre nous.

Un équipage m'attendait à la porte du club; je ne
le remarquai pas; je me croyais à quelques pas seulement de la maison de l'amiral; il me sembla bon
d'y aller à pied. Je marchai droit devant moi, un
quart d'heure; j'arrivai sur les bords d'un bassin... Je
fis un détour et marchai encore un quart d'heure,
j'arrivai sur les bords de la mer... j'étais égaré...

Partout de l'eau, toujours de l'eau !

J'aperçus une sentinelle; je l'abordai.

— La maison de l'amiral ? lui demandai-je en russe.

— *Ja ni magou snaï* (je ne puis pas le savoir).
Je cherchai une autre sentinelle.

— La maison de l'amiral ?

— *Bog snaï* (Dieu sait).

Éternelle réponse des Russes quand ils ignorent
réellement, ou qu'ils ne veulent rien dire.

Je commençais à être inquiet. L'obscurité était profonde, le vent soufflait violemment, la pluie pénétrait mes chaussures; de tous côtés, devant et derrière moi, se dressaient des murs à pic percés de
meurtrières et garnis de canons; la voix des crieurs
de nuit et des vedettes militaires se répercutait en
échos sinistres. Où me diriger?

Une lueur tremblotante m'apparut au loin en face.
Je la pris pour guide et me trouvai bientôt près
du poteau auquel elle était suspendue.

— Qui vive ? me cria un factionnaire.

J'étais devant une prison.

Je répondis et fis un pas en avant.

Le factionnaire croisa la baïonnette.

En ce moment, un coup de vent ayant soulevé ma pelisse découvrit une petite croix de la légion d'honneur attachée à ma boutonnière; la lanterne du poteau la fit resplendir.

Le factionnaire me présenta les armes.

Je profitai de cette marque de distinction pour l'interroger; il me comprit et me remit sur mon chemin; il me proposa même de me faire accompagner.

Quelques minutes après, j'arrivais à la maison de l'amiral. La porte principale en était fermée et toutes les lumières éteintes. En l'absence du maître, les gens étaient allés au cabaret. Je savais cependant que les jeunes demoiselles et leur gouvernante m'attendaient; car il avait été convenu qu'avant de rejoindre la chaloupe qui devait me ramener à Helsingfors, j'irais leur dire adieu

Je frappai à la porte; j'appelai; mais le moyen de se faire entendre au milieu des cris de toute sorte qui troublent le silence de la forteresse pendant la nuit? Ajouterai-je qu'il n'y avait point de sonnette?

— Il me faudra donc retourner au club! me disais-je avec dépit.

Le soldat qui montait la garde devant la maison, voyant enfin mon embarras, me confia, à voix basse, qu'à l'une des façades latérales de la maison, il y avait une petite porte qui, certainement, était ouverte.

— *Dourak!* (imbécile) pourquoi ne me l'avoir pas dit plus tôt?

Je découvris la porte et j'entrai. Arrivé au premier étage par un escalier ténébreux et humide, je me

heurtai contre une porte; je la poussai; elle céda. Au
même instant un énorme chien de garde se mit à
aboyer sourdement et à secouer sa chaine; deux méchants roquets lui firent écho de leur voix grêle.

Je refermai brusquement la porte, et montai au
second. Là, à tâtons, je parvins jusqu'à une autre
porte qui était fermée; la clef était à la serrure; je
l'ouvris, je traversai une chambre, puis une autre
chambre; enfin, dans une troisième chambre, j'aperçus à la lueur d'un quinquet, un soldat armé d'un
fusil; ce soldat gardait la caisse de la marine.

Il me prit, sans doute, pour quelqu'un de la maison et ne dit mot. Je lui demandai où j'étais et s'il y
avait moyen de passer outre. Il me répondit négati-
vement, ajoutant que, pour arriver aux appartements
de l'amiral, je devais faire le tour par la grande porte.

J'étais horriblement agacé; mais je résolus de sortir de ma position à tout prix. Un banc de bois mobile se présenta sous ma main; je le saisis et l'emportai au premier étage où je cherchai de nouveau la
porte de la chambre aux chiens. Je frappai sur cette
porte avec le banc à coups redoublés. Les chiens
hurlaient; toute la maison était ébranlée. Enfin, on
m'entendit : la gouvernante, précédée d'un domestique
qui avait mieux aimé se soûler à huis-clos qu'au cabaret, accourut effrayée, un flambeau à la main. A
ma vue, elle éclata de rire; j'en fis autant, et lui racontai mon étonnante odyssée; mais, en retournant le
même soir à Helsingfors, je me promis bien de ne
plus jamais remettre les pieds au club de Sveaborg.

III

Pastorale finnoise

On se rappelle l'atroce névralgie dont j'avais souffert pendant tout mon voyage. Elle me reprit dès mon arrivée à Helsingfors. Le maître de l'hôtel où j'étais descendu m'amena un dentiste qu'il me recommanda. C'était un gros homme, aux bras nerveux, aux mains velues, à la face large ; mais, l'air le plus placide du monde. Il déploya silencieusement sa trousse et je remarquai, non sans plaisir, qu'au lieu des engins lübeckois, elle était garnie d'instruments modernes.

Le dentiste promena un long regard autour de ma chambre.

— Monsieur est seul ? fit-il.

— Certainement ! qu'ai-je besoin de société pour une pareille opération ?

Il sonna bruyamment.

Deux domestiques accoururent effarés.

— Restez ici, leur dit-il.

Puis, après m'avoir installé dans un fauteuil, s'adressant de nouveau aux domestiques :

— Prenez la tête de monsieur, et tenez-la bien.

Et il enfonça son instrument dans ma bouche, et, avec une prestesse incomparable, il m'enleva une dent, la vraie, cette fois. Toute douleur disparut et ne revint pas.

Le surlendemain, dans la matinée, je me rendis chez un professeur de l'Université, grand savant, grand écrivain, poëte plus grand encore, M. Frédérik Cygnœus. Il prenait un bain de pied. Comme j'étais très-lié avec lui, il ne se dérangea pas ; j'allumai un cigare et causai ; au bout d'un bon quart d'heure, ne le voyant point quitter son bain :

— Est-ce que vous avez l'intention de rester dans l'eau toute la journée? lui demandai-je.

— Non, j'attends mon pédicure.

Le pédicure arriva. C'était mon dentiste! Il retira les pieds de la baignoire, les essuya avec soin, déchiqueta les cors et les lissa; il remit lui-même les chaussettes. Cette opération dura tout au plus dix minutes. Dans une autre circonstance, sortant de chez un ami atteint d'une congestion, je rencontrai encore mon dentiste. Il venait le saigner. Enfin, ce même dentiste me rasait et me coiffait d'une façon magistrale. Voilà, ce me semble, un assez joli cumul! On ne le rencontre pas seulement en Finlande. D'abord dans tous les pays du nord, un vrai médecin se croirait déshonoré s'il maniait la lancette; on l'abandonne aux barbiers. J'ai été une fois horriblement charcuté par un de ces fraters : il est vrai que c'était à Pétersbourg.

Le pédicure parti, les visites se succédèrent. M. Cygnœus offrait des pipes. Un des visiteurs, le plus agréable, expédia la sienne et se retira. Les autres restèrent, fumant pipes sur pipes, en suivant d'un œil béat les spirales vagabondes montant vers le plafond. Bientôt, la conversation languit, on ne murmurait plus que des mots entrecoupés ; on s'endormait presque. Depuis, je me suis toujours méfié des visites à plusieurs pipes.

Il existe à Helsingfors un assez bel édifice dit Maison de société, *Societets hus*. C'est une des propriétés de la ville qui l'afferme à un gérant chargé de

la faire valoir. La Maison de société sert à la fois
d'hôtel pour les étrangers et de centre de réunion
pour les habitants. On y trouve une vaste salle de
bal, de beaux salons, des chambres en nombre, et
toutes les dépendances qu'exige un grand service public. Bals, concerts, dîners de corps, pique-nique,
etc., se donnent à la Maison de société. Nous y avons
joué la comédie lors de mon premier séjour.

A mon arrivée à Helsingfors, j'étais descendu dans
cet hôtel et j'y restai trois mois. C'était trop. La vie
d'hôtel, en Finlande, comme, du reste, presque partout, n'est supportable que pendant un laps de
temps très-court. Au bout de ce temps, maître et
valets vous regardent comme un habitué sans conséquence, presque comme un meuble incommode. On
s'occupe à peine de vous; et, à moins de gronder
perpétuellement, on a toutes les peines du monde à
se faire servir. Un aubergiste préférera toujours à
un hôte chronique, les voyageurs flottants, les con-
sommateurs imprévus. Il y a là plus à gagner.

A cet inconvénient s'en joignait un autre. Nous
touchions au mois de décembre, époque de vacances
et de jubilation nationale. Jour et nuit, on chantait,
on dansait, on festinait; l'hôtel était en proie à un
incessant vacarme. Je n'oublierai jamais certain
dîner tumultueux et discordant d'une société de
symphonie qui, commencé à deux heures de l'après-
midi, se prolongea jusqu'au lendemain matin six
heures. Or, tout cela se passait sous ma chambre.

Je rêvais d'un asile plus calme, je rêvais surtout

d'une famille qui voudrait bien m'héberger comme pensionnaire. Mais où trouver cette famille ? La première venue n'aurait pu me convenir ; il me fallait une maison honorable, et assez cultivée, pour que mes instincts et mes habitudes de Français n'y fussent point soumis à trop rude épreuve ; une maison, en outre, où l'on ne parlât que la langue, et où l'on ne vécût que de la vie du pays. C'est la condition indispensable pour une exploration fructueuse. Aussi l'ai-je toujours recherchée. J'admire ces hardis amateurs qui, n'ayant vu d'un pays que ses monuments, ses rues, ses grandes routes, n'hésitent pas à le raconter et à le juger. Je ne suis pas de cette force.

Un de mes meilleurs amis se mit en campagne. Au bout de quelques jours, il revint triomphant : — *Euréka,* j'ai trouvé, me dit-il. La famille Bergbom sera charmée de vous recevoir ; je connais cette famille, je vous en réponds ; vous y serez bien : acceptez-vous ?

Le lendemain j'avais quitté l'hôtel. Qu'on me permette de relever sur mes notes de voyage, la page que, sous l'impression première, je consacrai à cet important événement.

— Grâce à Dieu, me voilà hors de cette galère. Je suis installé dans un joli appartement meublé tout exprès pour moi. Mon hôte, M. Bergbom, est conseiller près la Cour de Justice de Wiborg. Excellent et savant homme, son existence, comme celle de presque tous les Finlandais de haut mérite, est modeste et retirée. Nombreuse famille : une femme aimable et vive-

ment causante, une jeune fille de dix-huit ans, d'un
charmant esprit, une autre jeune fille de quatorze
ans qui promet, un jeune garçon, futur général, et
toute une troupe de bambins qui jouent et babillent à
plaisir. Je passe au sein de cette famille presque tout
le temps que je ne consacre pas à l'étude et à mes
devoirs de société. J'y prends mes repas, et vraiment
la cuisine, quoique finno-russo-suédoise, n'est pas à
dédaigner. Mes conversations sérieuses et instruc-
tives avec M. Bergbom me dédommagent des stériles
causeries des salons. Ne dois-je pas une grande reconnaissance à cette famille pour m'avoir si obli-
geamment accueilli dans son intimité ? Il paraît que,
pour cela, elle a dû montrer un certain courage ; il
lui a fallu triompher de bien des préjugés, résister à
mille prudents conseils. — Quoi donc, lui disaient
les bonnes âmes, vous allez prendre chez vous un
Français, un Parisien, un écrivain ! Vous n'y songez
pas ! Il vous sera impossible de satisfaire à toutes ses
prétentions ; il vous verra de trop près ; il vous ju-
gera, et Dieu sait ce qu'il racontera de vous, à son retour dans son pays ! — Heureusement que Mme Bergbom est une femme de sens ; elle comprend qu'un
Français est de chair et d'os tout comme les autres,
qu'un Parisien ne prétend nullement retrouver partout sa grande capitale, qu'un écrivain qui se respecte
et qui a du cœur, sait apprécier les bons procédés et
en tenir compte.

D'ailleurs, elle n'avait qu'à regarder autour d'elle,
pour se convaincre qu'elle possédait dans sa fa-

mille tous les éléments nécessaires pour contenter les plus difficiles exigences.

Ces impressions des premiers jours durèrent ; aucun nuage ne vint les assombrir ; et la famille Bergbom est une des familles de Finlande dont j'ai gardé le plus agréable et le plus reconnaissant souvenir.

Mon séjour dans la maison Bergbom me permit de varier mes relations. En 1842, je ne hantais guère que la haute société. Cette fois, sans déserter ses salons, dont les principaux d'ailleurs, avaient été fermés par la mort, j'allai un peu partout. Je vis les savants, les professeurs, les fonctionnaires, la bourgeoisie. Ce monde de la bourgeoisie me parut à peine différent du monde aristocratique. On m'avait parlé de son humeur hargneuse, de ses prétentions ridicules, de ses petitesses, de ses jalousies. C'était vrai en partie ; mais, je ne rencontrais ces défauts que parmi les gens de culture manquée et qui néanmoins voulaient poser. N'en était-il pas de même dans mes cercles blasonnés ? L'humanité se ressemble sous toutes les latitudes et sous tous les toits. Pour ne pas trop en souffrir, il faut savoir être indulgent ; il faut surtout ne pas jeter aux autres la pierre qui peut vous rebondir à la face.

Une grande dame, la comtesse Stenbock, était arrivée presque en même temps que moi à Helsingfors. Je n'ai jamais connu de femme plus intéressante, tant par les charmes de sa personne que par ses malheurs. Elle habitait près de Reval, en Esthonie, un magnifique château dont les fermes et métairies, rapportaient un revenu de plus de deux cent mille francs, qu'elle dépensait intégralement. Son hospitalité était royale, sa charité inépuisable. Ce château constituait un majorat de famille. Or, dans la même année, coup sur coup, la comtesse perdit son mari et son fils unique. Dès lors, d'après la loi, le majorat lui échappait pour passer à son beau-frère. Réduite à une rente de douze mille francs, elle se retira à Helsingfors, emmenant avec elle sa nombreuse famille : six filles, dont quatre en bas-âge, une mère et une belle-mère. Avec toutes ces femmes en deuil, la modeste maison où elle s'était établie, avait l'air d'un couvent. Je m'y rendais souvent, attiré par l'infortune et la douce résignation de la comtesse. Un mois avant mon départ de Helsingfors, sur la demande d'un ami commun, je m'empressai même de donner quelques leçons de littérature française à sa fille aînée, dont, par suite de son changement de position, elle avait dû congédier la gouvernante.

Le soir, quand je ne sortais pas, je prenais le thé chez moi, ou dans la famille Bergbom. Un jour j'y rencontrai un riche paysan des environs de Borgå, venu pour consulter mon hôte sur une affaire de justice. Il était grand, robuste, et avait l'air profondément honnête. Ainsi que tous les paysans finnois, il parlait peu, presque toujours en termes sententieux et laconiques. Dans son village, il passait pour un habile *runoia* c'est-à-dire qu'il pouvait réciter jusquà extinction de voix, les runot ou chants de la grande épopée traditionnelle.

Apprenant que j'étudiais les mœurs du pays il m'invita à venir chez lui.

— Venez pour la Noël, me dit-il; vous verrez comment nous la célébrons; cela vous intéressera. — Cette invitation me surprit; d'ordinaire le paysan finnois n'est pas aussi expansif; très-hospitalier envers l'étranger qui frappe à sa porte, il ne s'en tient pas moins vis-à-vis de lui sur la réserve. Peut-être qu'ayant besoin de M. Bergbom, pensait-il qu'en invitant une personne de son intimité, il le disposerait mieux en sa faveur. Sans autrement réfléchir, j'acceptai : après avoir vu la fête de Noël à la ville, j'étais charmé de trouver une occasion d'aller la voir à la campagne.

Borgå n'est qu'à trente kilomètres de Helsingfors. La veille de Noël, après déjeuner, je commandai un traîneau et je partis.

Le froid était modéré, douze ou quinze degrés; pas de vent, ce qui le rendait encore plus supportable, mais un ciel brumeux. La route était sillonnée de traîneaux conduisant de joyeux compagnons à la fête. J'arrivai à la chute du jour à la maison où j'étais attendu.

La maison du paysan finnois a son caractère propre. On l'appelle *pirtti* ou *tupa*. Pendant l'hiver elle est d'un aspect triste. Une vapeur chaude en remplit l'intérieur qui n'est éclairé que par des éclats de sapin enflammés. Point de fenêtres, seulement quelques lucarnes percées dans le mur; point de cheminée; la fumée s'ouvre un passage à travers les fentes du toit. En Karélie et en Savolax où les maisons sont plus hautes, la fumée forme comme une voûte, à quatre mètres au-dessus du pavé.

L'ameublement est simple : un long banc devant la table: c'est la place d'honneur ; autour de la chambre, des bancs fixés aux murs ; çà et là, d'autres bancs mobiles. Près du poêle une plate-forme où couchent les vieillards ; les autres lits sont invisibles ; souvent ils ne consistent que dans le plancher, sur lequel on jette de la paille et des couvertures ; toute la famille dort là pêle-mêle. J'ai passé plus d'une nuit sur un plancher ainsi assorti.

Ces maisons sont construites en bois de sapin. Les poutres, par conséquent, y jouent un rôle caractéristique : c'est du plus ou moins d'antiquité de la poutre principale que résulte la renommée plus ou moins grande d'une *pirtti*.

Dans les villages finnois, les maisons sont échelonnées sur les hauteurs. Ainsi, on distingue l'*habitation inférieure*, celle qui est le plus près de la route ; l'*habitation du milieu*, celle qui vient après et l'*habitation supérieure*, plus élevée que les deux autres. Un chemin particulier conduit à chacune de ces habitations.

Le paysan chez lequel j'étais descendu, originaire de l'Ostrobottnie, où le peuple est généralement mieux logé, occupait une grande maison en bois à deux étages, entourée d'une cloison, et qui, à l'intérieur, comme à l'extérieur, ressemblait à celles de nos paysans aisés. Nous savons qu'il était riche. Il me reçut dans une chambre qu'il avait fait préparer pour moi, et où je trouvai plus que le nécessaire.

Un peu avant le souper, il me présenta à sa famille. Elle était nombreuse : sa femme, son jeune fils, deux de ses filles mariées, ses gendres, ses petits-enfants, d'autres parents plus ou moins éloignés, en tout une quarantaine de personnes.

Je fus tout d'abord frappé des costumes. On eût dit que tout ce monde se fût entendu pour m'en offrir les divers échantillons. Chaque paroisse de Finlande, en effet, a sa façon ou sa nuance particulière de s'habiller, en sorte, qu'à première vue, on peut dire d'un Finlandais, homme ou femme, à quelle paroisse il appartient.

Les hommes portent un long surtout de *vadmal* (tissu de laine), serré à la taille ; sous le surtout, un gilet à manche ; une ceinture de laine rouge, jaune ou verte. A la maison, cette ceinture est remplacée par une courroie, à laquelle pendent un ou deux couteaux et une alène. En Ostrobottnie et en Savolax, le surtout est court, semblable à une vareuse de matelot. Dans la Finlande centrale, on porte des culottes courtes ; surtout et culottes sont de couleur grise, blanche, jaune ou bleue. Pendant l'hiver, le paysan s'affuble d'une peau de mouton. Il est à remarquer, que le froid, quelque rigoureux qu'il soit, le trouve peu sensible. Il sort sans cravate, la poitrine découverte ; et il n'est pas rare de le rencontrer sous le toit enfumé de sa *pirrti*, en simple chemise.

La coiffure et la chaussure sont curieuses. Un grand

nombre s'enveloppent les jambes de bandes de drap ou de toile, retenues au moyen d'un réseau de cordes ou d'écorce de bouleau; d'autres ont des bottes en cuir épais et lourd, ou en feutre. Les bottes en feutre sont imperméables. Quant à la coiffure, c'est, pendant l'été, un chapeau à larges bords; pendant l'hiver, un haut bonnet à six cornes, fait de peau de loup très-velue.

En certains endroits, notamment en Karélie, le costume des femmes se distingue à peine de celui des hommes. Elles portent comme eux, un long surtout de *vadmal,* mais très-large à la ceinture, ce qui leur permet d'y renfermer leurs provisions. Plus ordinairement, et même avec le surtout, elles portent une jupe plus ou moins courte et un casaquin d'étoffe de laine, de coton, ou d'un tissu plus léger suivant les saisons; le tout de couleurs variées; des bas de fil ou de laine, rouges, bleus, verts, unis ou à raies; sur la tête, un mouchoir arrangé en fanchon, ou un petit bonnet. Les femmes mariées seules ont la tête couverte; les jeunes filles relèvent leurs cheveux en forme de couronne, ou les laissent flotter en longues tresses, entremêlées de rubans. Dans quelques districts, la jupe des femmes est noire, avec un carré de toile blanche sur la poitrine. Pour chaussures, des souliers ordinaires; des bottines de peau velue, ou de grosses bottes semblables à celles des hommes. En grande toilette, les femmes s'appliquent sur la poitrine une énorme plaque d'argent, et autour de la taille une ceinture composée de plusieurs lames de métal. L'hi-

ver, elles portent des gants en laine épaisse ou en
peau fourrée. Les jours de fête, ou à l'occasion de
leur mariage, elles se coiffent d'un béguin en carton,
broché d'or et d'argent d'un charmant effet.

Tous ces costumes plus ou moins enjolivés s'éta-
laient sous mes yeux. Je fus le bienvenu dans la
famille; et je fêtai la Noël avec elle, comme si j'a-
vais été l'un des siens.

Un ordre parfait régnait dans la salle commune.
Les ustensiles de ménage avaient été frottés, les tables et les bancs de bois lavés, les fenêtres repeintes,
le poêle de briques blanchi. Ainsi le voulait la solennité. Mais, pourquoi cette paille qui jonche le
plancher? Est-ce un souvenir du paganisme, époque
à laquelle les hommes du nord jonchaient de paille
les temples de leurs dieux, afin que ceux qui venaient
célébrer la fête du solstice d'hiver pussent s'y reposer? Est-ce une allusion à la paille de la crèche?
Quoi qu'il en soit, c'est là une tradition obligée; nul
n'oserait y manquer. Une superstition répandue
chez les paysans finnois, c'est que si l'on donne
de la paille de Noël à manger aux animaux, la première fois qu'on les mène au pâturage, la maladie les
épargnera toute l'année; de même si l'on jette de cette
paille dans les champs avant de les ensemencer, si
l'on en couronne les arbres fruitiers, une bonne récolte est immanquable.

La cloche de l'église sonnait à toute volée; nous
nous y rendîmes en traîneau. L'église de village, en
Finlande, est presque toujours située au sommet

d'une colline, d'où son clocher apparaît au loin. Autour de ses murs règne un vaste hangar, avec des bancs pour les hommes et les femmes, des râteliers pour les chevaux Nous assistâmes au prêche que la masse me parut écouter dévotement.

Le retour de l'église m'offrit une scène des plus divertissantes. C'est une vieille croyance du pays que la meilleure récolte de l'année est assurée à celui qui rentrera le premier dans sa maison après l'office de Noel. De là une véritable conspiration contre les équipages. Les jeunes garçons, sortant furtivement de l'église pendant le sermon, détèlent les chevaux lient les traîneaux les uns avec les autres, changeant les colliers, embrouillant les harnais; il est impossible de s'y reconnaître. Aussi faut-il entendre les cris de colère qui éclatent de tous côtés, les coups qui pleuvent; la place de l'église se transforme en champ de bataille. Enfin, les traîneaux sont dégagés. Chacun rajuste son attelage et l'on part au galop; le combat finit par une course au clocher.

Le souper était prêt; nous nous mimes à table.

Dans certains villages du Languedoc on dit du jour de Noël: « *C'est le jour où l'on mange tant.* » En Finlande, comme d'ailleurs dans tous les pays du Nord, on ajoute : « *C'est le jour où il faut boire.* » Jamais proverbe n'a été mieux rempli. L'eau-de-vie de grains ou de pommes de terre, la bière, la *taaria* (petite bière), la *Mesi* ou *Sima* (sorte d'hydromel), le vin de myrtilles, de vrais vins achetés à la ville voisine, coulent à flots. On boit jusqu'à l'ivresse. Mon hôte et les siens progressivement s'allumèrent; cela détendit ces froides natures et l'on en vint à me traiter avec une expansibilité presque familière.

Quant aux mets qui figuraient sur la table, ce furent indépendamment du *lustfish* et du riz au lait des villes, un jambon d'ours, du lard et du renne fumé, du poisson sec et un quartier d'élan. Pour assaisonnements, le *lingon*, espèce de baie rouge légèrement acide, et *l'åkerbär*, petit ananas de Laponie, aussi parfumé que les plus fins ananas du Midi. Un immense gâteau se dressait au milieu des plats comme pièce d'honneur : le *joulu leipä* ou *touko leipä* (miche de Noël ou de la semence).

Ce gâteau que les Scandinaves appellent *Julkusa*, *Julkage*, représente différentes figures suivant l'inspiration ou le caprice des maîtresses de maison. En Suède et en Norvége, on lui donne de préférence la forme d'un animal, surtout d'un porc, en mémoire du porc mythologique du dieu Frey. En Finlande, on le pétrit à l'image de quelque instrument aratoire. En Finlande, d'ailleurs, le gâteau de Noël se rattache aussi aux traditions païennes. Il rappelle le grand pain que les anciens Finnois plaçaient au milieu des tas de grains, le jour consacré à *Ukko*, dieu du tonnerre et des saisons, pour y être conservé jusqu'aux semailles. Malheureusement, on demeura fidèle à ce souvenir : le superbe gâteau que je regardais avec tant de convoitise, après être resté sur la table pendant toute la période de Noël, c'est-à-dire depuis le

25 décembre jusqu'au 13 janvier, puis suspendu au plafond de la salle, ne fut découpé que le jour où la charrue ouvrit son premier sillon. Tel est l'usage chez tous les paysans finnois. Nous nous dédommageâmes sur une foule de couronnes et de brioches, la plupart rehaussées d'épices et incrustées de fruits sauvages d'un goût savoureux.

On attribue une grande vertu au gâteau de Noël : on le mêle aux semences afin d'en augmenter la fécondité, on en fait manger aux garçons de ferme pour accroître leurs forces et les préserver des maladies ; parfois, on en conserve un morceau d'un Noël à l'autre, afin d'avoir toujours sous la main un spécifique infaillible contre tous les maux.

Les animaux prennent part aussi à la fête : les chiens de garde sont délivrés de leur chaîne, les bestiaux, les chevaux, surtout, reçoivent un fourrage d'élite ; jusqu'aux petits oiseaux pour lesquels on répand dans les granges et sur les toits, de l'orge et du froment.

Tandis que le souper suivait son cours, que les verres s'entrechoquaient, que les paroles et les cris joyeux retentissaient, je vis tout à coup apparaître l'étoile des mages, escortée de ces mêmes acteurs populaires, qui m'avaient déjà si bien amusé à la ville. On se leva pour leur offrir à boire ; puis le silence s'étant rétabli la représentation commença. Les fragments du mystère que j'ai précédemment cités ne sauraient en donner qu'une faible idée. Ici l'histoire n'est plus qu'une ombre. Les artistes de village tirent de leur propre fond des effets autrement étourdissants ; ils saisissent leur auditoire par ce qu'il a de plus immédiat, de plus intime ; ils lui parlent sa langue, ses mœurs, ses idées, ne craignant pas de mêler à leur drame les faits de la veille, les nouvelles du jour. Dans un de ces mystères de campagne, Gustave Wasa, Gustave Adolphe, Charles XII chantent en chœur avec les bergers au pied de la crèche de Bethléem.

Après la représentation, les toasts recommencèrent, accompagnés de compliments interminables. Je m'admirais de faire, au milien d'une pareille tempête, si bonne contenance. Aux toasts et aux compliments succédèrent les jeux.

Un de ces jeux consiste en une sorte de danse mêlée de chant et d'action qui s'exécute ainsi :

Les jeunes filles se réunissent au nombre de douze ou de vingt. Après plusieurs invocations elles tirent au sort celle d'entre elles qui sera la reine, puis dansent en rond autour d'elle, en se tenant par la main. Pendant la danse chaque jeune fille chante, à son tour, sur un ton mélancolique, la strophe suivante :

« O mon roi, mon beau roi, pourquoi n'es-tu pas venu lorsque le messager t'a prié de venir ; lorsqu'il t'a porté cinq grandes cruches de vin, cent cruches d'huile, plus de mille mesures de froment ? Tu viens, maintenant, lorsque la disette règne, lorsque les jours sont vides, que les fleuves d'huile sont à sec, que les fleurs des bois ne donnent plus de miel. Et voilà que tu nous enlèves toutes nos parures, le bandeau qui nous ceint le front, le mouchoir qui nous couvre le cou ! »

En même temps les chanteuses se dépouillent de tous ces objets et les offrent à la reine, qui reprend d'une voix impérieuse et animée :

« Donne-moi tes perles d'argent, ô jeune fille, tes perles et ta couronne ; donne-moi la boucle qui orne ta poitrine, le collier d'or qui brille à ton cou. »

Mais à peine les dons sont-ils reçus que les jeunes filles les réclament :

« O notre roi, notre beau roi, rends-nous notre or, notre argent ! Ce n'est point une mère qui nous les a donnés, ni un père qui nous en a fait présent, ni un fiancé qui nous les a prêtés. Ce sont nos mains qui les ont travaillés, ce sont nos quenouilles qui les ont filés ! »

Alors la danse est suspendue. La reine rend aux jeunes filles les objets qui leur appartiennent. Malheur à elle si elle se trompe ! Chaque erreur est expiée par un gage, et ce gage elle doit le racheter par toutes les bizarreries que le caprice inspire à ses compagnes. C'est le moment curieux du jeu.

De leur côté, les jeunes garçons ne sont pas en retard. Ce qui les charme de préférence, ce sont les tours de force et d'adresse. Quant aux vieillards, ils ont aussi leurs exercices particuliers. Ils s'amusent à lancer une botte de paille entre les solives du plafond de la salle commune, en nommant chaque fois le champ qu'ils ont ensemencé à l'automne ; plus la botte de paille reste longtemps suspendue, plus la récolte sera belle.

Le lendemain, je me levai fort tard et assez fatigué. La maison était déjà envahie ; car si le souper de Noël et les divertissements qui l'accompagnent se passent en famille, il n'en est plus de même le jour suivant. Alors, toutes les maisons sont ouvertes, et les amis et connaissances y affluent. On chante l'histoire d'Hérode et le martyre de saint Étienne, et l'on recommence à manger et à boire. Il est aussi d'usage, à partir de ce jour, de promener les chevaux de village en village, et d'y organiser de grandes courses. Dans les régions voisines de la Laponie, les chevaux sont remplacés par des rennes. Cet usage rappelle les courses aventureuses du cheval de *Hiisi* (le diable des Finnois païens) à travers la terre, la mer et les airs, de même que les expéditions des héros mythologiques sur ces étalons merveilleux, dont ils activaient l'élan avec un *fouet orné de perles*. Le jour de Saint-Étienne, les jeunes Finlandais parcourent les villages, s'arrêtant devant chaque maison, et demandant, à grands cris, s'il s'y trouve quelqu'un qui s'appelle Étienne : *Onko Tapani Kotona?* Il est entendu que tout *Étienne* doit faire honneur à la fête et traiter généreusement ses visiteurs. L'Épiphanie vient ensuite qui ramène l'étoile de Noël et le mystère d'Hérode et des Rois mages. Enfin, voici le 13 janvier : Saint-Knut, dit le proverbe, met Noël à la porte. La fête est terminée.

Quelques rares familles seulement la prolongent encore jusqu'au 20 janvier.

Tandis que j'étais à la campagne, et chez un hôte si obligeant, je résolus d'en profiter pour étudier de plus près le caractère et le genre de vie du paysan finnois. Ce que j'en avais vu jusqu'alors n'était que très-superficiel; je voulais quelque chose de plus approfondi, de plus complet.

L'occasion s'en offrit bientôt dans un des événements les plus marquants de l'existence sociale. Mon hôte mariait une de ses nièces, la veille même du jour de l'an. L'accord datait de la Noël précédente.

Jadis, chez les Finnois, comme chez les Scandinaves, le mariage n'était qu'un marché. L'homme achetait sa femme. Je citerai une vieille légende qui, sous ce rapport, est on ne peut plus précise :

« Un père vient de traiter avec un jeune homme du mariage de sa fille. Pendant leur arrangement, celle-ci est allée au bois. Le jeune homme va la trouver, lui raconte son entrevue avec le chef de famille, et la conclusion de l'affaire. — A qui suis-je donc *vendue ?* dit la jeune fille. — A moi, ma belle enfant, répond le jeune homme, à moi, qui t'ai achetée. La jeune fille l'interroge sur le prix dont il l'a payée. — J'ai donné beaucoup, dit le jeune homme : un cheval pour le père, une vache pour la mère, deux moutons pour le frère, une brebis pour la sœur, un bel anneau pour la belle-sœur. La jeune fille trouve que c'est peu, et dit : — Tu donnes peu pour une

bonne, trop peu pour une belle ; je ne veux point de
toi. »

Il s'agit on le voit, d'un vrai marché. Mais
ce qui est remarquable, c'est que la ratification en est
laissée à celle qui en est l'objet. La jeune fille ap-
prouve ou brise la convention paternelle. Ainsi, ces
peuples reculés, aux temps mêmes de leur culture la
plus rudimentaire, avaient cette délicatesse de su-
bordonner, à l'inclination de la jeune fille, les exigences de leurs intérêts.

La liberté des jeunes Finlandaises, dans le choix
d'un époux, n'a subi aucune atteinte. Jamais les parents ne les marient sans leur consentement. Mais, le
mariage par vente est depuis longtemps aboli, excepté
parmi quelques races finnoises qui habitent l'intérieur de la Russie. Maintenant, c'est la jeune fille
qui fait des présents aux parents de son fiancé.
N'est-ce pas encore un symbole de son indépendance?

Les Finlandais ne demandent point directement
une jeune fille en mariage. Ils ont recours à un intermédiaire appelé : *patwaskani* (interprète). Un
poëte du pays met cet usage en scène, dans un récit
plein de couleur locale.

« Pavo causait avec ses voisins, assis devant le
poêle, les bras croisés sur la poitrine, la pipe à la
bouche, la tête couverte de son bonnet de laine. Non
loin de lui, sa femme, au visage bon, mais pâle,
chantait doucement un air de Noël. La belle Anna,

l'ornement de la maison, la gloire du riche paysan,
travaillait en silence, à la table de la *tupa*.

« Tout à coup, Pavo suspend la conversation, se
découvre l'oreille, ôte sa pipe de sa bouche, écoute
du côté de la porte, et dit : J'entends le son d'une
clochette et le piétinement d'un cheval sur la route.
Anna approche-toi de la fenêtre, et vois quel hôte
nous arrive !

« Anna s'approche de la fenêtre, et dit à son
père : — Je vois venir, au-delà du ruisseau, sur la
route brillante de neige un traîneau attelé d'un
cheval rapide, et dans le traîneau deux hommes. Le
cheval porte fièrement sa tête et lance ses pieds
avec la vélocité du vent. Le traîneau ressemble à un
superbe geai : il est finement travaillé, gracieusement peint. Voilà qu'ils s'avancent vers notre maison : les chiens aboient, les oiseaux effarouchés s'é-
parpillent dans les branches des sorbiers. C'est Jussi,
le fils du paysan, accompagné de son beau-frère.

« Bientôt Jussi et son beau-frère Antti entrent
dans la tupa et saluent leurs hôtes qui les accueillent
avec bienveillance. La bière est apportée; on les
invite à boire.

« Alors, Antti commence à parler ainsi: — Ta maison est grande et belle, père Pavo, hôte vénérable;
il est bon d'habiter ici, de se chauffer à ton joyeux
foyer de Noël. Jamais on ne se lasse d'écouter ta
conversation si instructive. Je n'ai point bu dans
Tavastkyro de bière meilleure que la tienne. Cependant ce n'est pas seulement pour la fête de Noël, que

nous sommes venus chez toi, que nous avons demandé
ton hospitalité, ni seulement pour nous asseoir à ton
foyer, causer avec toi, boire ta bonne bière d'hiver.

« Prête à mes paroles une oreille favorable !
Voici Jussi, le fils du paysan, jeune homme fier et
courageux. Il a reçu de son père en héritage une
maison et des terres fertiles ; de son père et de sa
mère une condition avantageuse, un caractère viril.
Il faudrait chercher au loin, franchir plusieurs milles
pour rencontrer un homme comparable à Jussi. Je
puis bien l'appeler le premier des jeunes hommes
qui aient jamais promené le soc sur la terre, manié la
faucille ou la hache. Il est le roi pour les ouvrages
de bois. Grande est son habileté à forger le fer. Il a
des champs, des prairies, des forêts défrichées, du
bois en quantité, des chevaux beaux à voir, des brebis luisantes et grasses, beaucoup d'argent.

« Seulement la vie paraît maintenant insuppor-
table au brave jeune homme. Sa maison lui semble
vide, car il lui désire une hôtesse ; il ne peut plus
vivre sans une épouse à ses côtés. Voilà pourquoi il
est venu à toi, Pavo ; il veut te demander pour
femme, ta fille, la belle Anna. As-tu entendu mon
discours ? As-tu médité ma proposition ?

« Pavo répondit à Antti, le *Patwaskani* de
Jussi : — Ta proposition ne me déplaît point, mais il
faut parler à ma fille, il faut tâcher aussi de la décider.

« Alors, Antti s'adressa à la mère. La bonne
mère répondit : — Je trouve le prétendant digne

mais il faut parler à ma fille, il faut tâcher aussi de
la décider.

« Anna était assise sur un banc devant la table.
Ses joues étaient chaudes et rouges comme la fraise
d'été, comme la myrtille d'automne. Elle tenait les
yeux baissés. Une fois seulement, elle les leva et
jeta un regard sur le jeune homme. Mais, la belle
Anna rougissait-elle de joie ou de colère? Oh! il
n'était point ami le regard qu'elle avait jeté sur Jussi.

« Celui-ci s'avança vers elle et, pour gagner son
cœur, il lui dépeignit toute la joie, tout le bonheur,
toute la félicité qui l'attendaient lorsqu'elle serait la
maîtresse de sa maison; puis, il étala devant elle
de riches présents.

« L'œil d'Anna s'enflamma de colère; elle repoussa les présents et dit : « Jamais tu ne gagneras
un cœur par tes belles paroles et tes flatteries, jamais tu ne m'achèteras avec tes beaux présents. Je
suis trop fière pour être vendue, trop sage pour me
laisser lier. Je ne serai jamais ta fiancée, ni l'épouse
de ta vie. »

Lorsqu'un prétendant est ainsi éconduit, il va
porter sa demande dans une autre famille, car il tient
absolument à ne pas rentrer chez lui bredouille.
C'est pourquoi, à moins que l'amour ne soit de la
partie, il n'entreprend son expédition matrimoniale
qu'après avoir jeté son dévolu sur plusieurs jeunes
filles. S'il déplaît à l'une, il plaira à l'autre, telle est
sa conviction; et cette conviction n'est guère

trompée : quand le garçon est bien de sa personne, qu'il est riche ou aisé, que son intermédiaire est éloquent, il est rare qu'il ne finisse par réussir.

La cérémonie du mariage dont je fus témoin ne différa en rien de celle à laquelle j'avais déjà assisté dans l'île de Hogland (1). Même affluence, mêmes divertissements, même bombance. La fête dura deux jours.

En Savolax, la façon dont la jeune fille accepte ou refuse un prétendant est assez bizarre. Pour *Patwaskani*, celui-ci se sert d'une vieille femme, à laquelle il remet quelques cadeaux pour sa belle. La vieille femme attend, pour remplir sa mission, l'instant où la jeune fille s'apprête à se mettre au lit. Tandis qu'elle se déshabille elle lui fait l'éloge du jeune homme, puis lui glisse dans le sein les cadeaux qu'elle a apportés : un mouchoir, un ruban, ou quelques pièces de monnaie. La jeune fille ne les accepte presque jamais du premier coup; elle les repousse, même avec une certaine vivacité. Mais ce n'est point là un refus irrévocable. Il ne le devient que si la jeune fille, dénouant sa ceinture, laisse les objets tomber, à travers ses vêtements, jusqu'à terre. Alors, le prétendant n'a plus qu'à se retirer. Dans le cas contraire, il peut insister, sûr de gagner sa cause.

Des cérémonies du mariage, une des plus curieuses est celle qui a lieu le lendemain de la noce, devant tous les invités assemblés. On demande à l'époux s'il

(1) V. *l'Ours du Nord.* page 173.

a été content de sa femme. Sur sa réponse affirmative, l'orateur, c'est-à-dire celui qui a la charge de porter les toasts, chante la gloire du jeune couple; plusieurs pots sont vidés en son honneur. En revanche, une réponse négative soulève un murmure d'indignation. Un méchant vase, percé au fond, est remis à l'orateur avec ordre de le boire d'un trait; le liquide qui s'en échappe symbolise l'imparfaite félicité du pauvre mari. Puis après avoir gourmandé la femme, l'orateur, s'emparant d'un des vêtements de l'homme, l'en frappe fortement en lui disant : « Femme sois féconde et ne manque pas de multiplier les enfants dans ta maison. »

Les enfants des paysans finnois sont généralement soignés un peu à la diable; ils n'en prospèrent pas moins. Chez les paysans pauvres on les couche par terre enveloppés dans les haillons de leur mère. En beaucoup d'endroits, ils ont des berceaux d'une forme originale. C'est une petite planche suspendue aux quatre angles par des cordes attachées ensemble au bout d'une longue perche, fixée par l'autre bout à l'une des solives du plafond ou du toit. Un petit matelas est étendu sur la planche qui sert de lit au nourrisson; quand la mère veut l'endormir, elle n'a qu'à imprimer à cette espèce de hamac un léger mouvement.

Les chants de berceau abondent, toujours empreints d'une suave et tendre mélancolie. En voici un que l'académicien M. Xavier Marmier nous a transmis dans ses *Lettres sur la Russie*.

«J'aime à chanter pour mon enfant, je cherche avec

joie de douces paroles pour mon petit trésor. Faut-il lui dire un chant de berceau, ou un chant de bergère que ma mère connaissait déjà, que ma mère m'a appris lorsqu'elle m'asseyait devant sa quenouille? Je n'étais pas alors plus haut que son rouet, je n'atteignais pas au genou de mon père.

« Mais pourquoi répéterai-je les chansons de ma grand'mère, ou celle de ma mère? J'en ai moi-même rassemblé plusieurs sur chaque sentier, j'ai trouvé un mot sur chaque bruyère, j'ai pensé à un sujet; j'ai pris mes vers sur chaque branche de la forêt, je les ai recueillis sur chaque buisson.

« La gélinotte est belle à voir sur la neige, l'écume de mer est blanche sur le rivage. Plus beau est mon petit garçon, plus blanc est mon petit amour.

« Le sommeil est à la porte et demande: N'y a-t-il pas un doux enfant au maillot, un joli garçon dans son lit?

« Viens heureux sommeil, près de son berceau, enlace l'enfant, mets-toi sous la couverture !

« Balançons, balançons le petit fruit des champs; berçons la légère feuille des bois : C'est un enfant que je berce, c'est un berceau que je balance.

« Mais, hélas ! combien celle qui lui a donné le jour sait peu si l'enfant qu'elle berce ainsi sera sa joie dans l'avenir, son soutien dans sa vieillesse.

« Non, jamais, malheureuse mère, tu ne dois attendre ton soutien de l'enfant que tu élèves.

« Bientôt, il sera loin, il ira ailleurs avec ton espérance; peut-être la mort s'emparera promptement de lui ! Peut-être sera-t-il soldat, exposé au tranchant des armes, au feu du canon ! Peut-être deviendra-t-il l'esclave des riches. »

J'observais curieusement les jeunes filles. Il y en avait beaucoup de laides, aux cheveux d'un blond de filasse, à la taille épaisse et lourde, à la peau d'un brun sale, aux pieds chaussés d'une sorte de galoche suspendue sur un carré de bois fixé au milieu de la semelle, ce qui leur donnait une démarche disgracieuse ; mais il y en avait aussi bon nombre de jolies. Celles-ci offrent un type à part. La beauté de la jeune finlandaise affecte plutôt l'âme que les sens. Sa taille svelte, ses longs cheveux blonds, ses yeux bleus ont une expression douce et indéfinissable. Elle est d'un rose pâle. Un nuage de douce tristesse ombrage son front. Il s'exhale de son être comme un parfum de mélancolie, qui s'épanche sur tous ceux qui l'entourent ; son cœur est sensible mais fort.

L'amour, quand il le pénètre, est profond, devoué, sublime. Quelle tendre délicatesse ! quelle générosité vaillante ! quelle superbe longanimité ! La jeune Finlandaise devine la vie avant d'en avoir soulevé le voile ; elle affronte le malheur qui la menace et supporte sans se briser d'effrayantes douleurs. Cependant malheur à celui qui l'offense ou par qui elle se croit offensée ! L'injure vraie ou illusoire vivra dans son souvenir ; quand elle pourra se venger elle se vengera. Il y a du Corse, on le sait dans le cœur finlandais. Cette nature, malgré tous ses charmes, est

encore inculte, sauvage; il lui faut la sombreur des
bois, le fracas des cataractes, le bruissement lugubre
des bouleaux, les brouillards et les tempêtes. Frederika Bremer, la célèbre romancière de la Suède,
fait ainsi parler une jeune Finlandaise amenée de son
pays dans les salons de Stockholm : « Ah! cette
jeune fille sauvage qui avait grandi avec les vierges
de Finlande; dont la vie s'était écoulée au sein des
bois et des prairies, des montagnes et des torrents, et
dont les rêves étaient aussi sauvages, aussi étranges
que la nature qui l'avait vue naître ; cette jeune fille
n'était point faite pour les salons, ni pour les grâces
françaises. Enlevée aux frais déserts de son enfance
pour être transportée dans une riche demeure, où de
grandes glaces répétaient à l'envi tous ses mouvements et semblaient imiter, en se moquant, toute
libre expression qui n'était pas empreinte d'une grâce
moelleuse et étudiée; elle était devenue timide, timide
devant elle-même, timide devant les autres, timide
surtout devant la maîtresse de la maison. On l'appelait la jeune Tartare. »

Cette description ne s'applique qu'exceptionnellement aux filles de paysans. A l'ordinaire elles sont
plus matérielles, et nos modernes naturalistes pourraient trouver parmi elles beaucoup de types à leur
convenance. Une fois mariées, elles se plient docilement aux exigences de leurs maris et s'occupent avec
activité de leur maison. Carder, filer la laine, telle
est l'occupation principale de la femme finnoise.
Ajoutez les soins domestiques. Mon hôtesse brassait

la bière et préparait le pain, un pain d'orge, de seigle ou de froment, en couronne solide et durable. Dans certaines parties de la Finlande, on ne fait du pain que trois ou quatre fois l'an ; les miches sont enfilées dans une longue perche suspendue au plafond, d'où on les détache au fur et à mesure des besoins. Ce n'est qu'une galette un peu épaisse ; on la grignote plutôt qu'on ne la mange, mais, elle n'en est pas moins très-nourrissante. Aux époques de disette, les Finnois font du pain avec de l'écorce d'arbre, surtout de bouleau. On l'appelle le *pain de misère;* il n'est guère pire que notre *pain du siége.* Pendant les guerres avec la Russie, les soldats russes disaient à ce propos : « Comment peut-on se battre contre des hommes qui mangent les arbres et boivent les rivières ? »

Il n'est pas rare que des femmes finnoises remplissent des travaux ordinairement affectés aux hommes. Ainsi, on en voit sur le bord des rivières de passage, offrir aux voyageurs le service de leur canot, qu'elles manœuvrent avec l'habileté des pilotes les mieux exercés. Quelques-unes, les filles mûres principalement, font les postillons et roulent d'un relais à l'autre.

Les hommes cultivent la terre, vont à la chasse et à la pêche, et dirigent les affaires extérieures de la famille.

Dès les temps les plus reculés, les Finnois se sont adonnés à la culture de la terre, et c'est à eux en général qu'appartient la gloire de l'avoir répandue dans l'extrême Nord. Encore aujourd'hui on trouve en Norvége, plusieurs cultivateurs célèbres, d'origine finnoise. Mais, comme, primitivement, la terre de Finlande, couverte d'épaisses forêts, était peu propre à une culture régulière, on opérait d'abord le défrichement de ces forêts, au moyen du feu, puis on les ensemençait. Ce procédé, appelé *Kaski*, est toujours en vigueur. On distingue en Finlande trois espèces de forêts brûlées : 1° celles où l'on abat les arbres lorsqu'ils sont déjà en feuilles, ce qui se fait sur de vastes espaces couverts de vieux bois, surtout de sapins blancs. Ces arbres restent couchés pendant deux ans, après quoi, on y met le feu et l'on sème du seigle dans leurs cendres. 2° Les forêts jeunes que l'on brûle dans l'année qui suit la coupe, et où l'on sème du blé et des navets. 3° Les forêts de simples broussailles coupées au printemps, séchées, puis brûlées ; on y sème d'abord du seigle ou du froment, et plus tard, lorsque les haies commencent à bourgeonner, du sarrasin ou du lin.

C'est au milieu de l'été qu'on met le feu aux arbres. L'incendie dure longtemps ; les nuages de fumée qu'il dégage, les éclats de bois qu'il consume, la variété infinie de ses lueurs, donnent aux nuits de Finlande un aspect fantastique. Que de fois j'ai été témoin de cet émouvant spectacle dans mes excursions à travers le pays !

Les forêts ainsi défrichées sont labourées avec une charrue en forme de fourche, et râtelées avec une herse en bois, à cause des pierres dont elles sont hérissées. On a soin que la semence ne soit pas trop dru e.

Tous ces travaux sont répétés pendant plusieurs années ; et lorsqu'ils réussissent, le champ rend trente et quarante fois la semence ; on en a vu la rendre jusqu'à cent cinquante fois.

Un des gendres de mon hôte était un intrépide chasseur ; il me proposa d'aller chasser l'ours.

— Avec qui ? lui demandai-je.

— Avec moi.

— Seul ?

— Seul. Je connais un ours, dans un des fourrés du bois voisin ; il nous attend depuis deux mois ; le moment est favorable pour lui rendre visite.

En effet, dès la première neige, le paysan finnois se met à explorer les bois, épiant les traces de l'ours. Ces traces découvertes, il les suit jusqu'au repaire où s'est arrêté l'animal. Ordinairement la première neige disparaît ; à la seconde, qui dure tout l'hiver, le paysan renouvelle son exploration ; si l'ours a bougé, ce n'est le plus souvent que de quelques pas ; il le retrouve vite ; et, après avoir constaté sa présence, il se retire, certain qu'il ne lui échappera plus.

Le lendemain, à la première heure, nous nous disposâmes à partir.

J'étais armé jusqu'aux dents : fusil à deux coups, pistolets, couteau de chasse, etc. Mon compagnon n'avait qu'un épieu armé d'une lame d'acier très-

aiguë, et un petit sac de cailloux. Le froid était tout
au plus de dix degrés.

Nous montâmes en traîneau.

Au bout d'une demi-heure, arrivés au bois, nous
nous engageâmes dans un étroit sentier ; bientôt un
épais fourré nous apparut à une courte distance.

— C'est là ! me dit le paysan ; et il m'indiqua
l'endroit où je devais me placer.

— Surtout du calme, ajouta-t-il, et gardez-vous
de tirer avant que je vous en aie donné le signal.

J'avoue que je me sentais assez mal à l'aise ; ce
bois désert et silencieux, cet homme seul en face du
terrible monstre, car, chasseur médiocre, je ne me
comptais pas pour grand'chose ; tout cela m'impres-
sionnait. Je ne tardai pas cependant à recouvrer
mon sang-froid.

Le paysan prit son sac de cailloux, et s'approcha
du fourré. D'abord il appela l'ours, en faisant la
douce voix, et en lui prodiguant les flatteries.

— Mon Otho (1), mon bel Otho, remue-toi dans ta
demeure, comme la gelinotte dans son nid, comme
l'oie dans sa couche de roseau !

L'ours ne bougea point.

Le paysan revint auprès de moi.

— Voyez-vous, monsieur, me dit-il, il dort ou il
lèche ses pattes (2) ; mais, je saurai bien le réveiller
et l'obliger à me répondre.

(1) Surnom finnois de l'ours, de *otsa* (front), animal au
large front.

(2) C'est une croyance, répandue ailleurs que chez les

Et il lui réitéra ses flatteries, récitant quelques beaux vers du *Kalevala* (1) : « Oh ! mon Otho, mon bel oiseau, mon pied de miel, mon bel enroulé, il faut te lever, il faut te mettre en route. Oui, marche, ô mon roi, marche, ô mon cher bien-aimé, ô bas-noir (2), ô riche fourrure, marche à travers les chemins du pinson, les sentiers du passereau, et viens à moi. »

L'ours ne bougea point.

Le paysan était dépité ; je souriais, car n'apercevant point l'ours, je commençais à croire que mon chasseur si sûr de lui-même s'était trompé, ou m'avait trompé, et qu'il ne parlait qu'au vent.

Alors, aux flatteries, succédèrent les injures.

— Lève-toi de ta couche, ô esclave de l'homme, éveille-toi de ton long sommeil ! Si tu ne te mets en mouvement, ô être vicieux, ô chien privé de mère, j'emprunterai les serres de l'aigle, le dard de la sangsue, les pinces de chair de l'oiseau, les branches des pieds du vautour, et je tourmenterai le méchant et je châtierai le sacrilége, jusqu'à ce que sa tête cesse de branler, jusqu'à ce que le souffle manque à ma poitrine.

Toutes ces objurgations étaient fort poétiques ; et j'y reconnaissais le langage de ce *Kalevala* que je

paysans finnois, que l'ours se nourrit pendant l'hiver en léchant ses pattes.

(1) Épopée nationale des peuples finnois.

(2) Allusion au poil noir des jambes de l'ours.

m'occupais alors à traduire, mais l'ours n'en demeurait pas moins immobile. Mes soupçons se confirmaient.

— Nous allons voir ! fit le paysan, en enfonçant son bonnet sur ses oreilles, tenez-vous bien, monsieur !

Il lança un caillou dans le fourré, puis un second, puis un troisième.

Un rugissement sourd retentit.

Cette fois, plus de doute, l'ours était là.

J'eus une nouvelle émotion ; mais en présence du danger qui me paraissait flagrant, elle se calma vite.

— Attention ! monsieur, répéta le paysan, et n'oubliez pas mes premiers avis.

Nous n'étions qu'à cinq ou six pas du fourré.

Mon homme y faisait pleuvoir une grêle de pierres.

Le fourré s'agita, et je vis un spectacle que je n'oublierai de ma vie.

L'ours était debout, l'œil sanglant, la gueule béante.

Un dernier caillou l'atteignit à l'oreille.

Il poussa un rugissement de colère, puis s'élançant du fourré, il se dressa devant nous de toute sa hauteur.

Je le couchai en joue.

— Pas encore ! me souffla le paysan.

Et il s'avança à la rencontre de la bête, dissimulant autant que possible, l'épieu qu'il tenait d'une main ferme.

Ils se joignirent : l'ours, les bras en avant, secouant

convulsivement ses pattes velues. Mais, au moment où il allait étreindre le paysan, celui-ci, par un habile coup de son arme, lui perça le cœur.

— Tirez ! me cria-t-il.

Je tirai. Hélas ! l'ours était déjà mort. Je n'en eus pas moins, dans le village, l'honneur de l'avoir tué. Le brave homme, que j'avais soupçonné, racontait à tout le monde que si nous étions revenus vainqueurs, c'était grâce seulement à mon sang-froid et à mon adresse.

Pour le paysan finnois, un ours tué est une petite fortune. Il mange sa chair, fraîche ou salée ; les pieds, les jambons d'ours, sont, on le sait, des mets délicats ; il vend sa peau ; je dus emporter avec moi la peau de celui que j'avais soi-disant abattu.

Autrefois, une chasse à l'ours couronnée de succès, donnait lieu, en Finlande, à une fête singulière. On l'appelait le festin de l'ours *Kouwon Paaliset* (1). Je l'ai racontée dans un de mes précédents ouvrages. En voici la scène principale :

LE CHEF DES CHASSEURS entre dans la maison où est préparé le festin et dit :

— Que Dieu répande la paix sur cette humble demeure. Où conduirai-je mon or ? Où placerai-je mon petit oiseau (2) ?

______

(1) V. mes *Iles d'Åland.* — Un vol. in-12, Paris, Hachette, 1854, page 133 et suivantes.

(2) L'ours est désigné sous les noms d'*or*, de *petit oiseau*. C'est là une des originalités de la langue finnoise.

Le maître de la maison : — Salut, ô toi, qui viens nous visiter, salut, bel ours aux pieds de miel qui arrives dans cette humble cabane ! Conduis ton or, place ton petit oiseau à l'angle de notre banc de fer, sur la planche épaisse.

Le chef des chasseurs : — O mon unique, mon bel Otho, il faut maintenant qu'on examine ta peau, qu'on contemple tes beaux poils, mais ne crains rien ; on ne te fera point de mal ; ta peau hérissée ne sera point arrachée par des mains misérables pour servir de parure à des hommes méchants.

L'ours est étendu sur une planche, écorché, dépecé, les morceaux les plus succulents sont mis sur le feu ; le festin est servi.

Alors, le chef des chasseurs : — O douce mère de la forêt, ô roi des bois, Tellervo, fille de Tapio (1), venez tous à la fête de l'ours, à la noce du bel Otho. Il y a ici beaucoup à manger, beaucoup à boire, beaucoup à garder pour soi, beaucoup à distribuer dans le village.

Un convive. — Où le bel Otho est-il né ! Où la belle crinière a-t-elle grandi ? Est-ce sur la voie qui conduit au bain, ou sur celle qui mène à la fontaine ?

Le chef des chasseurs : — Otho n'est point né

Souvent elle applique aux objets les plus grands, les plus monstrueux, lorsqu'ils ont de la valeur, les épithètes qui ne conviennent qu'à des objets mignons et délicats.

(1) Dieu des bois.

dans un lit, il n'a point dormi dans une crèche. Le bel Otho est né, la belle crinière a grandi dans les régions voisines de la lune et du soleil, dans la patrie des étoiles, sur les bras splendides *d'Otawa* (1). Ukko, le glorieux roi du ciel, le vieillard très-haut, jeta dans l'eau un flocon de laine ; et ce flocon, poussé par les vents, enflé par la vapeur de l'eau, fut porté par les vagues de la mer jusqu'aux rivages des îles en fleurs, jusqu'au promontoire fréquenté par les abeilles.

« Mielikki, la douce reine de la forêt, la vaillante femme de Tapio, s'élança au milieu des vagues, recueillit le léger flocon de laine et le cacha dans son sein. Ensuite elle le déposa dans une petite corbeille d'argent, dans un joli berceau d'or, et elle le suspendit à l'un des arbres chevelus de la forêt.

« Et maintenant elle berce doucement son bien-aimé ; elle nourrit son doux Otho, sa belle crinière, au pied de l'humble bouleau, dans la forêt de pins, parmi les fleurs riches de miel.

« Mais l'ours n'a pas encore de dents et les ongles manquent à ses pattes. Mielikki va partout en chercher ; elle en cherche sous l'écorce des arbres, dans le cœur des troncs brûlés ; elle en cherche sur les collines verdoyantes, dans les plaines couvertes de pins, dans les champs d'arboisiers. Or, un pin, un bouleau s'élevait sur une colline. Dans le pin brillait un rameau d'argent, dans le bouleau un rameau d'or.

(1) La grande Ourse. Cette origine attribuée à l'ours est tout-à-fait dans le génie de la poésie finnoise.

Mielikki arracha les rameaux avec la main et elle
en fit des dents et des ongles pour l'ours.

« Et elle bâtit une *tupa* de bois de prunier, où elle
voulut que l'ours habitât au lieu de parcourir les marais, d'errer dans les bois, de s'égarer dans les plaines.
C'est de là que notre Otho est venu, que notre hôte
d'or a été amené. »

Après cette explication de l'origine de l'ours, et le
festin étant terminé, les chasseurs se mettent à arracher les dents au noble animal, tâche difficile, car il
ne faut pas emporter le moindre lambeau de gencive;
on fait des conjurations de toutes sortes; enfin, la
tête de l'ours est suspendue à la cime d'un pin élevé,
et le chef des chasseurs clôt la fête par une prière.

Le paysan finnois pêche en toute saison. Le poisson
le plus abondant est le *strömming*, espèce de petit
hareng que l'on exporte en grande quantité en Suède
et en Russie. C'est un délicieux aliment, surtout quand
le *strömming* est frais. J'ai pris part, chez le paysan
qui m'hébergeait, à une pêche d'hiver fort intéressante. Elle avait lieu dans une rivière entièrement
gelée. Voici comment procèdent les pêcheurs. Ils pra-
tiquent d'abord deux trous dans la glace, puis, au
moyen de longues perches et de cordes, ils font passer leur filet d'une ouverture à l'autre. Ils attendent
alors quelques minutes pour laisser au poisson le
temps de s'engager. Le difficile est de retirer le filet;
souvent ils y échouent.

Au début de l'hiver, quand il ne gèle encore que faiblement, le pêcheur côtoie les rivières; dès qu'il aperçoit un poisson nageant sous la glace, il la brise d'un violent coup de maillet. Le poisson étourdi remonte aussitôt à la surface où le pêcheur le saisit avec un instrument fait dans ce but

Il est d'habiles pêcheurs qui, pendant l'été, attrapent le poisson, en lui appliquant un coup de maillet ou de bâton.

Les Finnois font sécher leurs poissons ou les salent. Plusieurs les mangent sans autre apprêt. Ces poissons séchés ou salés ne sont pourtant guère appétissants; j'avoue même m'en être détourné avec dégoût toutes les fois que je passais sur le marché de Helsingfors.

Outre les travaux agricoles, la chasse et la pêche, les paysans finnois s'adonnent à divers métiers. Quelques-uns s'y distinguent. On m'a présenté à Helsingfors, un paysan de Wasa qui, après avoir vu un chronomètre une seule fois, l'avait imité à s'y méprendre. Cet homme avait le génie de la mécanique. Avant l'incendie d'Åbo, on montrait dans la bibliotèque de la ville, un livre de prières, gravé entièrement par un paysan sur des tablettes de bois. Ces sortes d'exemples ne sont pas rares dans le nord.

Le ménage où je me trouvais était un ménage modèle. Jamais de querelle entre le mari et la femme. Ainsi que je l'ai déjà dit, la Finlande est un des pays où le culte de la famille est le plus en honneur.

Le père en est le chef, mais la mère n'en régne pas moins en souveraine sur toutes les choses de sa maison ; les filles relèvent d'elle exclusivement ; rien n'égale la sollicitude dont on entoure les vieux parents : c'est un respect à la fois haut et attendri. Runeberg, le poëte le plus célèbre de la Finlande moderne, a écrit en l'honneur des vieillards, ces belles strophes.

— Un vieillard me paraît semblable à un roi : à la fin de sa vie, au terme de sa longue course, il est aussi riche de victoire, aussi digne d'envie.

— Les tempêtes ne grondent plus sur sa tête ; chacun de ses voisins salue avec joie sa puissance ; et la volonté superbe et les passions farouches ont fui loin de son tranquille royaume.

— Son peuple est la troupe pacifique de ses désirs doucement reposés, de ses souvenirs encore vivants, de ses jours écoulés dans la paix.

— Son sceptre est le bâton qui soutient ses pas, son château inébranlable, sa tombe ; son éclat royal, la sérénité de son front ; sa couronne, sa blanche chevelure.

Un vieillard étranger habitait au milieu de nous. C'était un pauvre. Il est rare qu'on ne rencontre pas de ces pauvres dans les maisons finnoises. On les loge, on les nourrit, on les comble de soins, et cela pendant des mois, des années. Quand ils veulent partir, on les met en voiture ou en traineau, et on les transporte à l'endroit qu'ils indiquent.

Ce vieillard, quoique cassé, était imposant ; son humble condition n'ôtait rien à sa dignité. Il était

l'oracle de la famille ; on n'entreprenait rien de
grave sans le consulter. Il était un peu médecin,
mais ne se servait contre les maladies que de ces
formules magiques qui, pendant des siècles, ont composé tout le bagage des Esculapes finnois. Il était
silencieux, concentré ; les paroles ne tombaient de sa
bouche que comme un sourd murmure. Souvent il
s'exprimait par proverbes, toujours admirablement
appropriés. Les proverbes abondent dans le langage
finnois : rien, en effet, ne se prête mieux au génie
d'un peuple jaloux de rendre sa pensée avec le moins
de mots possible. J'en citerai quelques exemples :

« L'homme bon ménage son picotin ; mais le méchant ne donnera pas de son boisseau. »

« Le sage sait ce qu'il doit faire ; mais, le fou
essaie de tout. »

« On ne s'affranchit point d'une peine par les larmes ; on ne remédie point aux maux par le chagrin. »

« Celui qui a essayé marche immédiatement à
l'ouvrage ; mais celui qui n'a aucune expérience s'arrête à considérer. »

« L'homme sage apprend partout ; il profite des
discours des fous. »

« La terre qui est la propriété d'un homme fait
son principal plaisir ; le bois qui lui est le plus agréable est le sien. »

« L'étranger est notre frère ; l'homme qui vient de
lui est notre parent. »

« Quand l'aurore paraît, je sais que le jour va suivre ; un homme bon se manifeste par son regard. »

« L'ouvrage déjà commencé est un ouvrage fini ;
il y a temps perdu quand on se dit : que ferai-je ? »

« L'outil de l'homme industrieux est aigu ; mais
le soc du fou a toujours besoin d'être aiguisé. »

Ma visite prolongée chez mon hôte de campagne
me permit de contrôler et de compléter certaines observations que j'avais déjà faites sur le caractère du
peuple finnois. Je les résumerai brièvement, ne touchant qu'aux points d'ensemble.

Les Finnois, sauf leurs congénères de la Hongrie,
n'ont jamais eu l'humeur conquérante ; toujours, au
contraire, ils se sont montrés résignés à céder à
d'autres les portions de territoire sur lesquels ils
avaient des droits. On eût dit qu'ils se sentaient condamnés d'avance à la sujétion.. Faut-il s'en prendre
à leur petit nombre, à leur dispersion sur un vaste
espace les empêchant de s'entendre et de se concer-
ter ? Ce qui est certain, c'est que nous ne rencon-
trons chez eux que des mouvements isolés, jamais
de levée en masse pour défendre leur indépendance.

On ne saurait dire, cependant, que la valeur militaire soit étrangère au Finnois. Pendant les guerres
de Gustave-Adolphe, les troupes finnoises formaient
le noyau de l'armée de Suède : rien n'égalait leur
sang-froid, leur fermeté, leur intrépidité. Mais, ces
qualités n'ont jamais profité à la nation elle-même.
La nation finnoise, prise dans son ensemble, manque
de génie politique ; elle n'est fière, invincible, que
dans ses individus. Cela suffit, il est vrai, pour main-
tenir et perpétuer un caractère national.

Les Finnois voisins de la mer sont tous marins ; mais parmi eux, c'est à ceux-là seulement qui habitent les côtes et dont le sang a été mêlé au sang scandinave qu'appartiennent les grandes spéculations de commerce et le gouvernement des navires marchands. Le Finnois pur sang se borne à gagner son pain de chaque jour en luttant hardiment contre les torrents et les cataractes, en affrontant les écueils, en courbant sous sa barque fragile les vagues en furie ; les navigations lointaines sont le partage exclusif des côtiers.

Quand le Finnois fait un travail, il n'en surfait jamais le prix. On ne le voit point non plus confisquer à son profit l'œuvre d'autrui, ni rouler dans sa tête des idées de réforme et de progrès.

Il suit de préférence la route battue ; il ne s'étudie point à dissimuler ses projets ; il est crédule, imprudent même, tant qu'il ne soupçonne point la mauvaise foi ; mais dès qu'il doute, il devient d'une réserve et d'une défiance surprenantes.

La probité du Finnois est proverbiale : c'est un des traits les plus distinctifs de son caractère. Dans les campagnes, c'est à peine si l'on ferme la porte des maisons, bien que le plus souvent les habitants passent toute la saison des récoltes à des distances considérables. Rien de plus étranger à la pensée du Finnois que le vol ; il n'y croit qu'après avoir pris le voleur en flagrant délit ; et alors, loin de l'exécrer et de solliciter son châtiment, il le prend en pitié, con-

vaincu que le malheureux doit être assez puni par
les remords de sa conscience.

Le Finnois n'est point égoïste ; il est, au contraire,
bon et dévoué ; mais il n'en a pas moins une volonté
forte et opiniâtre. Nous savons à quel point il est
vindicatif.

Le Finnois est sérieux et morne ; tout son extérieur
accuse le flegme et la froideur. A le voir au milieu
de ses travaux de chaque jour, on le prendrait pour
un être vulgaire ; et pourtant il a l'âme élevée, et, sous
le feu de l'inspiration, c'est un poëte incomparable.

Émigration à la campagne, parties en plein air. — Dîner de corps à *Kajsaniemi*. —Tombe mystérieuse d'un franc-maçon. — Double mystification d'un haut fonctionnaire russe. — La *Société de littérature finnoise.* — Elle m'envoie son diplôme. — Je fais à la Finlande au nom de la République française un cadeau royal. — Séances littéraires. — Satisfactions patriotiques.

De retour à Helsingfors, je racontai mes impressions de voyage à la campagne. Le croirait-on ? A l'oreille de beaucoup de ceux qui m'écoutaient mes récits sonnaient comme une nouveauté : on eût dit que je leur parlais d'un pays fantastique. Dans cette capitale moderne de la Finlande, en effet, les gens ne manquent pas, pour lesquels la Finlande est la terre inconnue. Ils se bornent à en effleurer la surface officielle, sans jamais pénétrer dans sa vie intime. Il est vrai que la plupart sont d'origine suédoise et que leurs mœurs, leurs habitudes étant calquées sur celles de la Suède, ils se préocupent peu des mœurs et des habitudes nationales. Quelques Russes seulement font exception ; mais ceux-ci presque tous fonctionnaires, y sont forcés par leurs fonctions ; d'ailleurs avec les beaux instincts qui les distinguent, ils considèrent plutôt le peuple finnois comme bon à exploiter, que bon à étudier.

La température notablement adoucie, vers l'époque de Noël, avait repris toute sa rigueur. Le thermomètre marquait trente degrés Réaumur au-dessous du zéro. Puis le vent se mit à souffler, un

vent de tempête, ce qui rendait le froid cent fois plus
mordant. Une nuit que je rentrais d'un bal, je trouvai
une des fenêtres de mon cabinet enfoncée, et un
énorme amas de neige au milieu de la pièce. Mon cabinet faisait face à quatre rues ! Je criai, j'appelai ;
un domestique accourut. Tant bien que mal, nous
barricadâmes la fenêtre ; et, comme ma chambre à
coucher, moins exposée, était intacte, je me hâtai de
m'y réfugier ; mais, au bruit des rafales, et des coups
de vent au dehors, il me fut impossible de dormir.

Deux jours après, un incendie éclata dans mon voisinage. Terrible affaire à Helsingfors, qu'un incendie !
Au premier aspect du feu, la sentinelle qui veille au
sommet d'une tour, près de la ville, sonne de la
trompe ; le tocsin lui répond, les tambours ébranlent
les rues, les crieurs de nuit agitent leur crécelle.
Toute la ville s'émeut et court. Quel encombrement,
quel tumulte ! Les soldats de la garde finlandaise, les
marins finnois, les cosaques à cheval, tous sont là,
les uns armés de haches, les autres conduisant les
pompes ou maintenant la foule. De toutes parts, des
gémissements, des cris lugubres en finnois, en
suédois, en russe. Et la trompe de la sentinelle
sonne toujours. Jamais je n'ai entendu de son si
aigu, si saisissant, il vous pénètre jusqu'aux moelles.

C'était une grande maison en bois qui brûlait. Je
me mêlai aux curieux. Curieux, c'est le mot, car par
ce froid intense il fallait renoncer à faire la chaîne ;
l'eau dans les seaux, l'huile dans les pompes, gelait ;
on ne pouvait que regarder. La flamme enveloppait

la maison. Par moment un morceau du toit s'effondrait, chargé de neige. Un tourbillon noir, puis de nouveau la flamme. Elle dévorait. Tout salut était impossible. Les haches faisaient rage, rien que les haches; on coupait les poutres, on arrachait les portes et les fenêtres, on entassait les meubles; concentrant ainsi le bûcher. Le lendemain, il n'y avait plus là que des débris informes et des cendres fumantes.

En Finlande, l'incendie est donc inexorable. C'est pourquoi en luttant contre lui, on cherche moins à lui arracher sa proie qu'à l'empêcher de multiplier ses victimes. Parfois, cependant, il est le plus fort; alors, tout est perdu. J'ai dit qu'en 1827, la ville d'Åbo avait été entièrement consumée.

A la tête des troupes finlandaises présentes à l'incendie que je viens de décrire, se trouvait le colonel W... Il se comporta bravement tout en protégeant le plus possible son brillant uniforme. On eût dit, après la bagarre, qu'il sortait d'un salon. L'année suivante, aux promotions de janvier, il fut nommé général et envoyé à Åbo.

Arrivé dans sa nouvelle résidence, il dut changer d'uniforme et, au lieu du collet bleu, prendre le collet rouge. Ce collet, à son avis, du moins, le rendait très-laid; il n'osait plus consulter son miroir. Il s'en plaignit amèrement, et adressa au prince Menschikoff, alors gouverneur-général, une supplique en forme pour lui demander l'autorisation de garder son ancienne couleur. Le prince Menschikoff, qui était homme d'esprit, trouva la supplique plaisante; et pour cela, sans doute, il s'empressa d'y faire droit.

Dès lors, les quolibets de pleuvoir sur le beau colonel. On cita ses antécédents; on rappela que, dans sa jeunesse, ayant brigué une place de *Lansman* (petit officier municipal), il en fut jugé incapable. De désespoir il embrassa la carrière militaire. Elle lui réussit, car aux yeux du gouvernement russe, il avait une qualité qui primait toutes les capacités : il était aveuglément dévoué au gouvernement russe.

Le prince Menschikoff était peu populaire en Finlande. On sait qu'il n'y résidait pas et s'y faisait représenter par un *adjoint*; il la gouvernait du haut de sa chancellerie de Pétersbourg. Mais comment la gouvernait-il? Au moyen d'une camarilla qui se souciait fort peu du pays et faisait croire au prince ce qu'elle voulait. Par suite d'une manie qui le rendait inabordable à ceux qu'il ne connaissait pas, quand des Finlandais, même des plus distingués, se rendaient auprès de lui, il refusait le plus souvent de les recevoir; les invitant, en revanche, à prendre le thé avec ses aides-de-camp, dans ses antichambres. Cela aigrissait.

Aussi, entre le prince et les Finlandais, les rapports étaient-ils des plus tendus. Ajoutons que sa complète ignorance du pays l'amenait à commettre les plus étranges bévues. Russe lui-même et Russe pur sang, il prétendait mener la Finlande à la russe; de là des mesures arbitraires, des tracasseries, des injustices flagrantes. L'excellent comte Armfelt, ministre d'État du Grand-Duché, à Pétersbourg, était aux abois. Il portait ses doléances au grand-duc héritier, chancelier suprême de l'université de Finlande; et plus d'une fois, j'ai vu le grand-duc, arriver brusquement à Helsingfors dans le but unique de réparer les sottises du gouverneur-général. A cette époque, le futur Alexandre II était un prince d'une bienveillance charmante et d'un libéralisme très-décidé.

Malheureusement cela ne l'empêcha pas, Menschikoff étant mort, de nommer à sa place le général Berg, un Allemand ! Je n'ai pas vu ce dernier à l'œuvre; je sais seulement qu'en quittant le Grand-Duché pour la Pologne, il n'y laissa pas un seul bon souvenir. On l'y avait surnommé le fléau de la Finlande, *Finlands plaga*.

Les grands bals, les grands dîners, se faisaient rares, on en était aux spectacles et aux concerts. En ce temps-là, Helsingfors n'avait pas encore son joli théâtre d'aujourd'hui; on y jouait dans une méchante baraque, croulant de vétusté et taillée en temple grec. Les habitants de Helsingfors, comme ceux de Pétersbourg, affectionnent l'architecture grecque. Ils la simulent à bon compte: une corniche et un socle en sapin, un fût de solives rassemblées en faisceau et plaquées de toile lisse; le tout recouvert d'un badigeon gris : voilà les colonnes. Quant aux frontons, la scie et le rabot s'en chargent. La baraque construite par une société d'actionnaires, avait coûté vingt-cinq mille francs, et rapportait gros. Là était, disait-on, le secret de sa longévité.

L'intérieur de ce singulier théâtre répondait à l'extérieur; il me rappelait la fameuse salle do Lübeck, moins, toutefois, le lustre aux quinquets et l'abat-jour enfumé; mais, on y était à l'aise et il y faisait chaud. Point de troupe permanente : Helsingfors était à la merci d'acteurs ambulants, venus de Stockholm, qui, pendant l'hiver et même une partie de l'été, parcouraient les principales villes du pays. On leur louait la salle à raison de douze roubles argent (environ 50 fr.) par représentation. Ils devaient prévenir de leur arrivée ainsi que de leur départ un mois à l'avance.

La troupe qui nous arriva avait pour directeur le gros Stjernström, ancien cuisinier du roi Bernadotte, qui avait échangé ses casseroles contre le manteau tragique. Il faisait les Frédérick Lemaître, les Mélingue, etc. Dieu sait de quelle façon ! Les autres sujets à l'avenant. Parfois, une célébrité sur le retour se glissait dans la troupe. J'ai vu jouer *Louis XI* par le grand acteur suédois Thorslow, avec une perfection digne de Ligier. Une autre fois, c'était une petite actrice nommée Lindmark, qui s'escrimait dans le rôle de Bouffé du *Gamin de Paris*. Le rôle était raté; mais ces bonnes gens de Helsingfors applaudissaient quand même : A défaut de grives... Toutes ces pièces représentées n'étaient que des traductions plus ou moins réussies du français en suédois.

Alexandre Dumas et Scribe tenaient le haut du pavé.

Cependant deux auteurs du crû voulurent essayer de la rampe : M. Topelius, écrivain de valeur dont la pièce eut cinq représentations ; taux habituel d'un succès d'estime. Puis, un certain Berndtson, poëte d'un souffle court, mais d'autant plus vaniteux et bruyant. Longtemps avant l'éclosion de son chef-d'œuvre, les compères l'avaient tambouriné. Néanmoins le succès fut mince ; il l'eût été davantage, si à la sixième représentation, la censure n'avait eu la sottise d'interdire la pièce. Comme elle se rapportait à la guerre de 1808-1809, il lui sembla qu'elle soulevait des sentiments trop patriotiques. Je ne m'en rappelle qu'une seule scène, celle où un soldat frappé d'une balle à la poitrine et couvert de sang, vociférait, appuyé contre un arbre, un monologue interminable.

Une autre représentation qui mit en émoi toute la ville, et cette fois avec raison, ce fut celle d'un opéra intitulé : *La Chasse du roi Charles*. Les paroles étaient de M. Topelius, la musique de M. Pacius, professeur à l'Université. Étudiants, amateurs, dames et demoiselles avaient prêté leur concours. C'était comme une fête de famille. Elle réussit pleinement : le libretto était intéressant, la musique charmante, parfois puissante, quoique sans beaucoup d'originalité. Plus tard, *La Chasse du roi Charles*, fut représentée au théâtre royal de Stockholm.

Parmi les concerts les plus marquants, je citerai

celui qui fut donné au profit d'une nouvelle école de musique que l'on avait décidé de fonder à Helsingfors. L'assistance était peu nombreuse, car les bourses finlandaises sont revêches, mais l'exécution, à laquelle s'étaient empressés de contribuer les principaux virtuoses de la ville, fut superbe. Kologrivoff, artiste russe distingué, y fit entendre, sur le violoncelle, des airs russes arrangés par Schubert, d'un effet saisissant. On l'applaudit vivement. Deux jours après, pour reconnaitre son obligeance en même temps que pour rendre hommage à son talent, la *Société de symphonie* lui offrit une jolie coupe en argent.

Deux autres artistes, Tavastjerna et sa femme, attiraient aussi la foule. Leur histoire est émouvante. Tavastjerna était officier dans la garde finlandaise, casernée à Åbo. Envoyé pour affaires de service à Pétersbourg, il y fit la connaissance d'une belle juive, fille d'un banquier, et en devint amoureux. La belle juive, amoureuse à son tour, lui accorda sa main. Les parents consentirent, et les fiançailles ayant été célébrées, Tavastjerna retourna à son poste.

Or, à quelque temps de là, le banquier fit faillite. La mère, femme positive, ne sachant comment se tirer l'embarras, et trouvant dans sa fille un superflu onéreux, prit la route de Finlande, et vint à Åbo déposer la fiancée entre les bras du fiancé. — Quand on promet mariage à une jeune fille, lui dit-elle, on épouse.

Tavastjerna fut déconcerté; il ne pensait que fai-

blement à la jeune fille, d'autant plus que ses che
s'opposaient à son mariage. L'incartade de la mè
n'était guère propre à ramener ces derniers. Qu
faire! « Je ne puis pourtant pas, se dit l'officier, lais
ser cette jeune fille sur le pavé. » Il le pouvait d'au
tant moins qu'en la revoyant tout son amour s'é
tait rallumé. Pour comble, la jeune fille tomb
gravement malade. Tavastjerna la prit chez lui et l
soigna ; bientôt elle fut à la mort, ce qui décida le
chefs à autoriser les fiancés à se marier. Le mariag
eut lieu, mais peu à peu la jeune malade se rétabl
et devint plus belle qu'elle ne l'avait jamais été
Hélas ! dès ce moment le pauvre ménage se trouv
en butte à mille tracasseries de la part des officie
et des soldats de la garnison. Il tint bon pendan
quelque temps. Enfin, poussé à bout, Tavastjern
rendit ses épaulettes, et, comme il était excellen
musicien, il embrassa pour vivre la carrière d'ar
tiste ; sa femme qui, à sa beauté, joignait une joli
voix ne tarda pas à lui prêter un concours efficace
On les fêtait brillamment, à Helsingfors, toutes le
fois qu'ils venaient y donner un concert.

Je romps pour deux ou trois semaines avec la société de Helsingfors. Une dépêche officielle m'appelle à Pétersbourg, où la mission dont je suis charg
m'a laissé quelques travaux à terminer. Ce fut u
rude voyage, j'en donnerai le récit à peu près te
que je le retrouve dans mes notes.

Nous sommes à la mi-février; il est deux heures de l'après-midi. Le ciel est clair et pur, mais il fait un froid terrible : vingt degrés au-dessous de zéro. Mon équipage est des plus confortables. Il se compose d'un traîneau, à forme de calèche, parfaitement couvert, et garni à l'intérieur de foin, de coussins et de deux immenses peaux d'ours. Je suis moi-même enveloppé de deux pelisses fortement serrées autour du cou et de la taille, par une ceinture en laine, longue de six mètres. Ajoutez une casquette ouatée, un épais cache-nez, des bottes fourrées, des moufles velues et un manchon. Je nage dans la fourrure; je dois être imperméable.

Mon traîneau glisse avec la rapidité de l'éclair, sur la neige durcie, sur les marais et les lacs glacés. A chaque instant mon postillon s'écarte des routes ordinaires et me fait prendre une foule de raccourcis, j'arrive à Borgå (1); je m'arrête à la Maison de société qui sert en même temps de maison de poste. J'y trouve plusieurs amis, car il y a ce soir-là bal par

(1) Une des plus anciennes villes de Finlande, datant de 1346. Place de commerce, ses priviléges l'autorisaient à étendre ses opérations à tous les ports de la Baltique. On y voit encore quelques restes de redoutes et de fossés, d'où le nom donné à la ville, Borgå (en finnois *Porwoon haupunki*) signifiant Rivière fortifiée. On y compte environ 3500 habitants. Borgå est le siége d'un évêché et d'un gymnase ou lycée important où l'illustre poëte Runeberg a été longtemps professeur.

souscription. On veut m'entraîner au bal ; je refuse je prends mon thé, je soupe, commande, mes chevaux et pars.

On m'avait assuré à Helsingfors, qu'au fur et à mesure que j'avancerais le froid diminuerait. Il augmenta, au contraire ; je compte vingt-quatre degrés Il est deux heures. Je me blottis au fond de mon traîneau, perdu dans mes fourrures. En avant ! mais déjà je sens que le sommeil me gagne ; je résiste car rien n'est plus malsain, plus dangereux même que de s'endormir par un tel froid.

A quatre heures du matin, j'arrive à Lovisa (1) littéralement gelé. La station de poste est à peine chaude ; je fais allumer un grand feu devant lequel j'étale mes fourrures ; puis je demande du café. On est toujours sûr de trouver du café aux stations de poste de Finlande, et dans les mieux tenues, celles des petites villes, par exemple, il est accompagné de pain blanc et d'assez bons biscuits Partout ailleurs, il faut se contenter d'un pain noir ou bis grossier, la plupart du temps sortant du four, ce qui le rend lourd et indigeste.

Après le café, je m'étends sur un long sopha en bois où j'essaie un léger somme ; puis, je me promène

(1) Assez jolie ville, bâtie en 1745, dont la population est à peu près le même que celle de Borga. Son principal commerce est le sel ; son port très-profond est abordable aux plus forts navires. A deux kilomètres de Lovisa s'élève la forteresse de Svartholm.

à grands pas pour me dégourdir. La salle de la station est assez grande; quelques affiches sont collées aux murs. Sur l'une je lis le tarif des consommations, tarif très-modéré, approuvé et signé par le gouverneur local. Sur une autre, les règlements de la poste; sur une troisième les arrêtés officiels concernant la circulation des voyageurs. Toutes ces pièces rédigées en suédois, en finnois et en russe, car les trois langues sont parlées dans cette partie de pays. A Wiborg où il y a beaucoup d'Allemands, on y ajoute une version allemande.

Je reste environ trois heures à Lovisa; avant de partir je m'approche de la table, où, au moyen d'une corde assez longue scellée au deux bouts par un cachet en cire, est fixé le *journal*. On appelle ainsi un registre qui se trouve à chaque relais et où chaque voyageur doit inscrire son nom, sa qualité ou sa profession, le nombre de chevaux qu'il prend, le lieu d'où il vient et celui où il va. Une colonne est réservée aux observations et aux plaintes. Ce journal est envoyé tous les mois à la chancellerie du gouvernement ou à l'administration municipale. La colonne des observations et des plaintes est souvent amusante à lire. Les voyageurs en gaieté y sèment des facéties, parfois d'amères satires contre certains personnages. Par exemple, en l'ouvrant, j'y vois le nom d'un général connu et non moins détesté. On a accolé à son nom une épithète d'une ironie sanglante et ajouté : « Se rend aux mines de Sibérie. » On suppose que l'autorité tient compte des observations et des plaintes

sérieuses; mais, il va sans dire qu'elle ferme les yeux
sur ces petites débauches.

A sept heures du matin je me remets en route. Le
froid est toujours le même, mais moins sensible que
pendant la nuit à cause du soleil. Le soleil est
tellement vif qu'il fatigue la vue ; seulement il ne
chauffe pas, et si la température me parait plus
douce, c'est que je ne m'imagine pas que l'on puisse
grelotter sous un soleil si franc. Du reste, à peu d'exception près, les nuits d'hiver en Finlande sont toujours claires: la lune, les étoiles rayonnent sur la neige
d'une splendeur incomparable. Je ne parle pas des
aurores boréales tant de fois décrites ; elles sont fré-
quentes, mais, hélas! trop courtes. Ajoutez, si on n'est
sur les bords de la mer, comme à Helsingfors, par
exemple, l'absence complète de vent. Sous ce dernier
rapport, je suis d'autant plus favorisé, que la plupart
des routes ouvertes devant moi sont bordées de hauts
rochers de granit et abritées par d'épaisses forêts.
Autrement il me serait impossible de continuer mon
voyage.

En effet, à peine ai-je quitté Lovisa que le froid
dépasse déjà trente degrés. C'est horrible ! Enseveli
dans mes fourrures, la tête couverte jusqu'aux oreilles,
le visage perdu sous mon cache-nez et les collets de
mes deux pelisses, avec une croûte de glace formée par
ma respiration et brillant au soleil, j'avais l'air d'un
ours endormi sur la face duquel on aurait appliqué un
masque d'argent. « Que faisiez-vous de votre figure,
me demandait-on, en voyageant par un temps pareil,

en traineau découvert ? — « Ma figure? parbleu, je
n'en avais pas. — A dire vrai, pour ces rudes voyages
d'hiver, l'équipage le plus sûr est encore le traineau
découvert. On y respire du moins, tandis que dans
un traineau fermé, la buée qui s'élève de la bouche,
transformée en filets de glace, obstrue peu à peu jusqu'aux moindres passages de l'air, et l'on risque
d'être asphyxié.

Presque à chaque relais, je suis obligé de descendre pour me réchauffer. J'avale coup sur coup plusieurs tasses de thé bouillant. Mais, quel fâcheux résultat ! Ce thé me réchauffe trop ; à peine ai-je repris
mes pelisses que j'entre en moiteur. Dès lors, je de-
viens plus accessible au froid; le plus léger souffle
d'air excité par les mouvements de mon traîneau ou
le fouet de mon postillon, me glace. On m'a appris depuis qu'au lieu de thé j'aurais dû avaler un simple
verre d'eau froide. Une heureuse réaction, ajoutait-
on, se produit instantanément. Ce singulier moyen, je
l'avoue, ne me serait jamais venu à l'idée.

A chaque instant, je rencontre des caravanes de
paysans transportant, sur leurs traineaux, diverses
denrées aux marchés des villes voisines. Ces traineaux sont curieux à voir. Quelques-uns consistent
simplement en deux solives de bouleau, munies de
patins en fer et jointes ensemble par deux traverses
sur lesquelles sont placées deux ou trois planches
mobiles. Le conducteur est debout sur ces planches,
le fouet haut, les rênes en mains. D'autres traîneaux
ont la forme d'une caisse oblongue, ordinairement

peinte en brun. Dans les localités riveraines de la mer on trouve des traineaux à voiles. Ce sont les barques d'hiver. On les lance sur la glace, et quand le vent est favorable, rien n'égale la rapidité de leur course.

Les paysans sont presque tous vêtus d'une veste de gros drap gris, coiffés de bonnets de peau de loup à six cornes et à longues oreilles, et chaussés de grandes bottes en cuir ou en feutre. Les femmes, accoutrées à peu près de même, siégent sur les ballots dont les traîneaux sont chargés, les jambes pendantes, les mains dans les manches. Tous ces gens ont le visage excessivement rouge; des glaçons pendent à la barbe; mais nulle trace de souffrance. Ces Finnois sont là dans leur élément; ils acceptent, comme une température normale, ce froid diabolique contre lequel je peste si furieusement.

La nature, de son côté, semble s'épanouir au milieu de cette dure atmosphère. Les routes scintillent au soleil, réfléchissant dans leur miroir de neige, la nappe limpide du ciel; un ciel bleu clair, tirant sur le gris, moins pâle que le ciel d'été. Les chutes d'eau, les grandes cataractes, ces merveilles de la Finlande, sont muettes, mais leurs jets cristallisés se brisent en mille lames capricieuses, mille formes bizarres, rappelant les fantastiques descriptions des *runot* mythologiques. Çà et là, à travers les sentiers déserts, les piétinements nocturnes des loups. Les arbres, dépouillés de leurs couleurs sombres, ressemblent à des amandiers en fleurs. Par moment, lorsque quelque oiseau perdu vient se poser sur leurs branches, il en tombe une pluie d'argent. Charmant spectacle, en vérité, qui me fait oublier souvent à quel prix j'en jouis. Les rocs de granit ont aussi leur parure, un manteau lisse, splendide, dont aucune brise ne froisse les plis. En certains endroits les bois s'élargissent, découvrant au loin un grand lac transformé en plaine immobile, hérissé de vagues que la gelée a surprises dans leurs bonds, et dont les ondulations blanches de neige rappellent ces tombes couvertes de fleurs, où reposent les enfants et les jeunes filles dans nos cimetières de province. Par-dessus tout cela, un calme auguste, un silence solennel, interrompu seulement, de temps en temps, par la clochette des traîneaux, les cris des postillons, les coups de fusil lointains de quelque chasseur isolé. Tel est, en Finlande, l'aspect de la nature pendant l'hiver, c'est-à-dire pendant près de sept mois.

Me voilà à Fredrikshamn(1). Bonne station: on peut y faire un dîner passable et s'y reposer proprement. Je m'y arrête quelques heures, espérant toujours que le temps deviendra plus favorable. Hélas! au moment de remonter en traîneau, je retrouve le même

(1) Primitivement appelée Weckelax, la ville de Fredrikshamn a pris son nom actuel du roi de Suède Frédéric Ier. Après avoir été entièrement brûlée en 1821, elle n'a été rebâtie qu'en partie. Elle a la forme circulaire et renferme environ 26,000 habitants. C'est à Fredrikshamn que se trouve l'école des Cadets de Finlande.

froid. N'importe! Réconforté par un repas solide, je l'affronte. Tant que dure le jour cela va bien; mais, vient le soir, puis la nuit, le froid augmente encore; je suis à bout. Cependant, un incident que j'aurais dû prévoir, vient tout à coup me distraire : mes chevaux ont l'allure insolite, ils trottent d'un pas fébrile, hennissant, écumant; on les dirait terrifiés.

— Qu'y a-t-il?

— Les loups! me répond le postillon, en fouettant ses bêtes à coups redoublés.

En effet, à une distance assez grande, une bande de loups nous suit.

Le loup qui, seul, n'attaque presque jamais l'homme, se montre au contraire, quand il est en nombre, et que la faim le pousse, d'une audace surprenante. Par certains hivers plus rigoureux, on rencontre çà et là, sur les routes de Finlande, comme sur celles de Russie, des débris d'hommes ou de chevaux que les féroces carnassiers ont dévorés.

Je suis armé : j'ai un fusil à deux coups, et deux pistolets; mais à quoi bon? Que j'en tue un ou deux, trois peut-être, cela nous sauvera-t-il? Néanmoins, je tends un des pistolets au postillon ; il le refuse.

— Ne craignez rien, me dit-il, la station est proche; nous y serons avant qu'ils nous atteignent.

Course vertigineuse : mes trois chevaux de race finnoise, ardents, nerveux, affolés, brûlent la neige. Je suis haletant, et à tout hasard, malgré mes réflexions précédentes, j'arme mon fusil et mes pistolets, et me tiens prêt. Enfin, à la lueur des étoiles, la silhouette de la station se dessine. Bientôt j'aperçois son fanal; encore quelques bonds, et nous franchissons la porte de la cour, que l'on referme aussitôt.

Il n'est que temps, les loups, une vingtaine, sont déjà là, soufflant, hurlant; ils se hissent aux poutres de la cloison, mais elle est trop haute. Après avoir gratté les planches de leurs griffes, poussé de nouveau de longs hurlements, ils prennent la fuite et disparaissent au loin dans les bois. J'entends encore leurs piétinements sinistres.

— Voilà un bon avertissement, me dis-je, il ne faut plus voyager la nuit. Je me dispose alors, à m'installer, me promettant de ne quitter la station que le lendemain, dans la plénitude du jour.

Quelle station, grand Dieu! Je n'ai jamais rien vu de si abandonné, de si misérable. On l'appelle *Urpala*, ce qui veut dire région des bouleaux; les plus maigres, les plus tristes des bouleaux, à coup sûr. Je demande du thé, on m'en apporte un verre, flanqué d'un de ces pains dont j'ai déjà parlé, et qui se distinguent à peine de la pâte. J'en lance en riant un morceau contre le mur, il y reste collé. Rien à manger, d'ailleurs, rien, sinon des œufs durs, ou du poisson cru; pour boisson, de l'eau-de-vie de pommes de terre. Par bonheur, j'ai avec moi quelques provisions, je les tire de mon sac. Après avoir fumé un cigare, je sens le sommeil me gagner; les fatigues, les émotions de la journée, je puis dire aussi de la nuit, car il est deux heures du matin, m'ont brisé. Je regarde autour de moi, pas l'ombre d'un lit; personne non plus ; c'est mon postillon qui jusqu'à présent m'a servi. Je frappe à grands coups sur la table. Une vieille apparaît, une vieille dont la plus laide des sorcières de Macbeth ne donnerait qu'une faible idée. Rabougrie, boiteuse, la crinière grise au vent, l'œil chassieux, le nez camard, les bras en ailes de moulin, elle tousse et crache éternellement.

— Je voudrais me coucher, lui dis-je, pouvez-vous me préparer un lit?

Elle se mouche deux ou trois fois dans ses doigts sales, et me regarde d'un air ahuri.

Je lui répète ma question, en y joignant un geste expressif.

Alors, elle ouvre la porte d'une chambre, et me dit laconiquement : — C'est là !

Je m'approche ; une odeur indéfinissable me saisit à la gorge ; toute la famille, père, mère, enfants, est couchée là, pêle-mêle, sur de la paille, couverte de peaux de mouton et de méchants haillons.

Depuis longtemps le poêle de la pièce où je me trouve est éteint ; je commence à grelotter.

— Bah ! me dis-je, ce n'est pas le moment de jouer au délicat, j'en ai vu bien d'autres. Mieux vaut avoir chaud avec des gens malpropres que de geler au milieu des parfums.

Et pénétrant dans la chambre indiquée, j'y cherche une place libre, où je m'étends, enveloppé de mes fourrures ; au bout de quelques minutes, j'étais endormi.

Le lendemain, après avoir pris mon café, je sors

pour tâter la température extérieure. A quelques pas
de la station, j'aperçois une petite cabane qui fume.

— Qu'est-ce que cette cabane? dis-je à la vieille,
en rentrant.

— Le bain.

— Votre bain ?

— Oui.

— Quand le prend-on ?

— Dans une heure.

— Alors, j'en suis.

La vieille me regarde de son même air ahuri.

C'est une curieuse chose qu'un bain finnois. Je
dis bain finnois, car les Russes n'ont fait que l'em-
prunter et lui donner leur nom.

Presque chaque famille de paysan finnois a pour
cet usage, dans le voisinage de la maison principale,
un petit bâtiment. L'intérieur coupé par une soupente,
est garni d'un fourneau bas sur lequel sont amoncelées de grosses pierres. Le jour du bain, c'est-à-dire,
une fois au moins par semaine, on allume le fourneau dont la chaleur se communique aux pierres.
Quand elles sont brûlantes, on les asperge d'eau
qui dégage aussitôt une vapeur épaisse.

En ce moment arrivent les baigneurs ; ils se dépouillent de leurs vêtements dans une antichambre mé-
nagée à l'entrée du bâtiment ; puis, entièrement nus,
ils s'élancent au milieu de la vapeur. Bientôt ils sont
en transpiration, qu'ils activent en se fouettant tout
le corps avec des verges de bouleau. Les plus intré-
pides montent sur la soupente, où la chaleur est plus

forte ; ordinairement de soixante-dix à soixante-quinze degrés Réaumur. L'obscurité est profonde, car la pièce n'a point de fenêtres ; une étroite lucarne tout au plus. Le bain dure environ une heure, pendant laquelle la vapeur est sans cesse alimentée par de l'eau jetée sur les pierres. Les individus qui en sortent sont rouges comme des homards ; mais ils y ont puisé une telle surabondance de calorique, qu'avant de s'habiller, ils se roulent souvent dans la neige ou s'exposent à l'air le plus froid, sans en souffrir. Le paysan finnois considère son bain non-seulement comme une source de force et de vigueur, mais encore comme un antidote infaillible contre tous les maux. Il n'en est pas moins vrai que, chez les femmes, l'usage excessif de la vapeur altère la fraicheur du teint et amène les rides précoces.

Jadis, il régnait dans ces bains une absolue promiscuité : hommes et femmes, garçons et filles, les prenaient ensemble. Cette vie en commun, dans une étuve chauffée à 75°, était tellement dans les mœurs que nul ne songeait qu'il en pût être autrement. Maintenant que la moralité publique est plus délicate, la surveillance de la police plus ombrageuse, presque partout, chaque sexe a son heure. Habituellement les femmes finnoises accouchent dans le bain ; la vapeur amortit les douleurs et précipite la délivrance.

Tel est le bain que je viens d'affronter ; j'y ai mis toute la conscience désirable, n'oubliant ni l'escalade de la soupente ni les verges de bouleau. Un vigoureux postillon me servait de masseur. Cependant je n'ai pu y rester plus d'une demi-heure; mais il ne m'en a pas moins été très-salutaire, et je sens que je vais reprendre mon voyage avec une énergie nouvelle.

A Wiborg (1), je ne m'arrête que pour changer de chevaux; je connais la ville que j'ai visitée autrefois; d'ailleurs je suis pressé. A Rajajoki, cette place frontière entre la Finlande et la Russie que j'ai décrite dans mon *Ours du Nord* (2), je prends, suivant mon habitude, le thé avec le chef de la douane qui effleure mes bagages d'une visite sommaire; et comme la nuit s'avance, que je crains les loups, je remets mon départ au lendemain. Le froid a toujours la même intensité; mais il me semble que je le supporte plus facilement. Est-ce l'influence du bain d'Urpala ?

(1) Wiborg est la capitale de l'ancienne Karélie et le chef de lieu de l'un des huit gouvernements de Finlande; sa population s'élève à près de 13,000 habitants, dont une grande partie de langue allemande. Au commencement du siècle, l'enseignement s'y faisait dans les écoles, exclusivement en allemand, excepté dans l'école des enfants de soldats russes, où il se faisait en russe. Wiborg est une importante ville de commerce; autrefois château-fort, dont il ne reste plus aujourd'hui qu'une tour et un corps de bâtiment servant de prison. Près de la ville est la magnifique propriété de *Monrepos* appartenant à la famille de Nicolaï, et à une plus longue distance, l'imposante cataracte d'*Imatra*, célébrée avec enthousiasme dans les poésies finnoises anciennes et modernes.

(2) Voir page 153 et suivantes.

Tandis que, dans une chambre de la station, je rédige avant de me coucher, quelques notes de voyage, cinq ou six grands diables, très-barbus, et portant le costume de *mougiks,* demandent à me parler ; je donne l'ordre de les introduire.

— Votre excellence me dit l'un d'eux, en me saluant jusqu'à terre, vous allez sans doute à Pétersbourg ?

— C'est vrai.

— Quand comptez-vous partir ?

— Demain matin vers neuf heures.

— Alors permettez-nous de vous offrir nos services.

— Vos services ! pourquoi ?

— Votre excellence n'ignore pas que d'ici à Pétersbourg il y a de nombreux relais et qu'à chaque relais, on perd beaucoup de temps, ce qui, par le froid qu'il fait, est fort désagréable. Votre excellence doit désirer arriver au plus tôt à Pétersbourg, on y vit et on s'y chauffe mieux que dans les stations de poste et sur les grandes routes.

— Où voulez-vous en venir ?

— Voilà : nous avons à nous d'excellents chevaux, des chevaux accoutumés aux longues courses ; de plus nous connaissons tous les chemins d'hiver, les meilleurs et les plus directs. Si vous voulez, nous vous mènerons d'une traite à Pétersbourg ; vous y trouverez économie de temps et d'argent.

La proposition est tentante ; mais pour me ménager

le temps de réfléchir, j'ajourne ma décision au lendemain matin.

— Nous serons ici à huit heures et demie, me
disent les hommes, en se retirant et en me saluant
de nouveau jusqu'à terre.

Pendant la nuit, je pèse le pour et le contre. La
figure de ces hommes ne me va guère ; leur air ob-
séquieux m'est suspect. Qui sont-ils? D'où sortent-ils?
Peut-on réellement se fier à eux ? D'un autre côté,
ce froid opiniâtre m'agace ; j'en suis harassé, obsédé.
Quelle chance de pouvoir lui voler quelques heures :
celles-là, peut-être où il se montrera le plus terrible ! Là-dessus, je m'endors et quand, à mon
réveil, on vient m'annoncer que les hommes m'attendent, je m'empresse de les faire entrer. Une heure
après, leurs excellents chevaux étant attelés à mon
traîneau, je me remets en route plein de confiance
et d'espoir.

Les deux premières heures tout va bien ; mais peu
à peu, la marche devient difficile et fatigante.
Quelles routes que ces chemins d'hiver, les meilleurs
et les plus directs ! Le traîneau grince sur des marais hérissés d'aspérités, sur des lacs gelés en pleine
tourmente, et dont la neige n'a pu combler toutes les
crevasses. A chaque instant, sous de brusques se-
cousses, il oscille ; deux fois, violemment enlevé de
mon siége, sans l'épaisseur de mes fourrures j'aurais
été broyé ; une autre fois, le traîneau penche tellement, que le tablier se décroche et je roule dans la
neige ; nous traversons des forêts interminables, des

bois récemment brûlés, encombrés de broussailles, de troncs mutilés et de racines. De cent pas en cent pas, nous nous arrêtons ; mes hommes se consultent ; ils ont l'air de s'orienter.

Un léger traîneau me précède monté par un grand gaillard armé d'une pique de fer au lieu de fouet, deux autres me suivent chargés d'énormes ballots. Pourquoi ce cortége ?

Par moment, comme s'il eût soupçonné quelque piége, le premier traîneau fait volte-face et se précipite vers un fourré. Nous le rejoignons. Nouvelle halte : les hommes semblent inquiets.

Je les interroge.

— *Nitchevo !* (ce n'est rien) répondent-ils, en retenant leur souffle.

— Un loup ! fait l'un d'eux d'un ton narquois.

Nous touchons à cette partie du golfe de Finlande que domine au loin la forteresse de Cronstadt. Le vent commence à mugir ; il me pénètre ; je suis transi. Ah ! que je regrette alors ces stations de poste où je perdais du temps, il est vrai, mais où, du moins, il m'était permis de me réchauffer.

— Si nous nous arrêtions quelques instants au pied d'un arbre, dis-je à mes hommes, pour faire du feu ?

— Impossible !

Nous voici en pleine glace ; elle n'est pas trop accidentée ; nous glissons rapidement. Mais, en quittant la terre ferme pour le golfe, la sensation du froid devient encore plus poignante. Que faire, hélas ! J'appar-

tiens à ces hommes plutôt qu'ils ne m'appartiennent ;
ils ne consentiraient pas à rebrousser chemin. L'espace s'étend devant moi à perte de vue; une légère
brume flotte à l'horizon, quelques mouettes et d'autres
oiseaux perdus sillonnent l'air, se posant de temps
en temps sur les blocs glacés ; le soleil brille rouge
de sang.

Peu à peu, et malgré toute ma volonté, je m'assoupis.

Or, voici qu'un bruit de voix et des hennissements
de chevaux extraordinaires éclatent autour de moi.

Je rouvre les yeux et regarde au dehors,

Les trois traîneaux fuyaient, en sens divers, avec
la rapidité de l'éclair; je reste seul avec les deux
hommes qui me servent de guide.

Quelques minutes après, au détour d'un ilot, une
hutte en forme de guérite se dresse plantée sur la
glace.

Un individu à moustaches grises, vêtu d'une capote
de bas-officier, les manches galonnées, la tête coiffée
d'une casquette militaire, en sort.

— *Pastoï!* Arrêtez, fait-il, d'une voix rude.

Mon traineau s'arrête.

— Que voulez-vous ? dis-je à l'importun.

— Visiter vos bagages.

— Mes bagages! mais ils ont déjà été visités à la
douane.

— Moi aussi, je suis la douane.

Je tire de ma poche un rouble argent.

C'était mon moyen avec les douaniers russes un peu revêches, et il me réussissait toujours.

Celui-ci refuse et entame avec moi une longue discussion. Comme il ne m'offre point d'entrer dans sa guérite, qu'il veut ouvrir mes malles et les visiter sur la glace nue, je résiste.

Alors, d'un ton plus radouci, et se penchant vers moi :

— Vous êtes colonel?

— Comment, colonel?... général!... Adieu!

Et je lui mets de force le rouble dans la main.

Puis, à mes hommes :

— *Pacho!* (En avant!)

Les chevaux s'enlèvent au galop.

Le bas-officier, ahuri, salue et empoche le rouble.

Arrivé à Pétersbourg, on me plaisante. Les gens auxquels je m'étais confié n'étaient autres que des contrebandiers. Ils spéculent sur la naïveté des voyageurs pour essayer de faire passer, sous leur couvert, des marchandises prohibées. Destin singulier que le mien! Lors de mon premier voyage en Finlande, j'avais pris pour guide et pour pilote un capitaine de douanes (1).

Quand je reparus à Helsingfors, la physionomie de la ville était à peu près la même que lorsque je l'avais quittée : spectacles, concerts, çà et là, des dîners de famille; dans quelques maisons, on dansait. Une sorte de lassitude se faisait sentir : car si, peu-

(1) V. *L'Ours du Nord*, page 178 et suivantes.

dant sa période dominante, l'hiver exalte et tonifie,
à sa période de déclin, il énerve. Alors, plus
de temps sec, plus de ciel clair; une atmosphère
épaisse et lourde. Puis, la neige n'a pas dit son dernier mot : elle tombe lâche et molle, souvent accompagnée de pluie, désorganisant le traînage au lieu de
l'affermir.

Tout cela rend morne; on soupire après le dégel;
et, en attendant, on se morfond; ceux qui veulent
encore s'amuser doivent se battre les flancs.

Néanmoins, on fêtait l'Annonciation. L'Annonciation est, en Finlande, une fête chômée. Rien, toutefois,
ne la distingue particulièrement : le matin, prêche à
l'église, le soir, bal à la Maison de société. Le Vendredi saint, le *long Vendredi*, a plus de caractère.
C'est, après Noël, le plus grand jour de l'année, plus
grand même que le jour de Pâques. Dans toutes les
villes de Finlande, les boutiques sont fermées; la
foule se porte à l'église. On mange la *memma*, bouillie de farine de froment, cuite à l'eau, dans une
corbeille d'écorce de bouleau. Le suc que le bouleau
distille au printemps, communique à cette bouillie
une saveur mielleuse. On assaisonne la *memma*
avec de la crème et du sucre. C'est assez fade.

Le 1er mai donne lieu à de joyeux divertissements.
Il y a dîner en musique à la Maison de Société et à
l'établissement de bains où les habitants de la forteresse de Sveaborg viennent se joindre à ceux de la
ville. Les étudiants célèbrent le 1er mai dans les
bois; ils s'y rendent en troupe; ils chantent, ils boi-

vent, ils dansent autour des bouleaux verts, et les piquent de leurs couteaux, pour en faire jaillir la séve qu'ils hument avidement.

Ordinairement, cette année surtout, le 1er mai, en Finlande, n'a rien de printanier. Il vente, il neige, il gèle; il faut se garder d'oublier ses fourrures. Aussi en le célébrant avec une régularité si consciencieuse, les étudiants ne se proposent-ils que de ne pas faire mentir le calendrier et de consacrer le renouvellement officiel du programme universitaire. Au 1er mai, on sert dans les salons, pour principal rafraîchissement, de l'hydromel.

La fête du 24 juin est plus franche. Alors, le soleil est riche d'éclat et de chaleur. C'est la contre-partie des jours ténébreux et froids. L'astre se tient tout le mois au-dessus de l'horizon. Son coucher se confond avec son lever. Tout le monde est dehors. Qui pourrait songer à dormir? Pour ma part, je l'eusse vainement tenté. Au premier été que je passai à Helsingfors, ces nuits ensoleillées me déconcertaient, et pendant les deux ou trois semaines qu'elles durent, j'étais comme frappé d'insomnie. Le moyen de gagner son lit, lorsque en sortant de soirée, au lieu de réverbères ou de becs de gaz, on trouve un soleil flamboyant! Souvent, avec quelques compagnons de bonne volonté, je prenais un bateau et me promenais de longues heures sur le golfe; plus tard, car on se blase sur tout, je fis clouer sur les fenêtres de ma chambre à coucher, qui manquait de volets, des planches. Dans cette obscurité factice, je pouvais, du moins, renouer avec le sommeil.

Rien n'égale la rapidité avec laquelle s'opère la fonte des neiges. La débâcle des glaces suit aussitôt. En cinq ou six jours, les routes, les rues sont nettoyées, la mer libre. D'ordinaire le phénomène se produit à la fin de mai ou au commencement de juin. Ces mêmes arbres qui, la veille, encore scintillaient de givre, se couvrent de bourgeons; et la verdure et les fleurs s'annoncent déjà dans les prairies et les parterres.

C'est le moment de l'émigration à la campagne, le moment aussi des parties en plein air.

Je fus invité à une de ces parties, un grand diner d'étudiants et de professeurs qui fêtaient une promotion académique. La réunion était nombreuse. En entrant je dus boire quelques gorgées d'hydromel dans une énorme corne garnie d'argent que me présenta un des commissaires. Ancienne coutume des Scandinaves. Le diner dura cinq ou six heures, prolongé par des toasts à chaque convive d'importance. A table les Finlandais sont d'une éloquence intarissable; ceux qui n'improvisent pas ont dans leur poche des discours complets, des pièces de vers principalement, car, dans ces pays du nord, on met des vers partout.. Certaine statistique, du caractère le plus prosaïque, s'ouvre par un long dithyrambe.

L'endroit choisi pour la fête était *Kajsaniémi,* charmante villa située aux environs de la ville, près du jardin botanique et de l'observatoire magnétique. Belles promenades, superbes vues ; un restaurant où l'on donne des repas de corps, et où l'on prend du thé et du café. *Kajsaniémi,* veut dire, « nom de Catherine » La fondatrice de la villa se nommait en effet Catherine. On y conserve encore son portrait en souvenir de sa bienveillance et de son hospitalité. Il n'est guère d'étudiant qui n'ait trouvé chez elle un crédit souvent illimité ; la prudente Catherine savait attendre le moment propice pour faire rentrer son argent.

Après les toasts, les dineurs allèrent se promener dans le jardin. On y trouve une curieuse pierre taillée en losange, et portant cette inscription en langue suédoise : « Qu'importe que le monde connaisse celui qui repose ici, du moment que Dieu sait ce qu'il a fait et que le pauvre bénit sa mémoire. » Cette pierre est le tombeau d'un franc-maçon, auquel les prêtres refusèrent la sépulture et que ses amis vinrent inhumer à *Kajsaniémi,* pendant la nuit. La tombe du franc-maçon est soigneusement entretenue, l'inscription toujours fraîche ; chaque année, elle est renouvelée par une main mystérieuse que l'on n'a jamais pu découvrir. Par exemple, Kajsaniémi perdait beaucoup de son attrait à mes yeux, à cause du spectacle repoussant qu'il m'offrait. Je ne pouvais y aller seul, en promeneur, sans y surprendre quelques-uns de ces Cosaques que la Russie distribue un peu partout, se baignant tout nus dans un de ses jolis bassins. Il est vrai qu'en Finlande on se baigne tout nu n'importe où, avec un sans gêne incroyable.

A ce même dîner de Kajsaniémi, j'étais assis à côté d'un vieux professeur fort au courant des scandales du pays. Il m'en raconta quelques-uns d'assez curieux.

Il s'agissait d'un haut fonctionnaire russe transplanté, il y avait deux ou trois ans, en Finlande.

Ce haut fonctionnaire vendait tout simplement les places dont il disposait. Un agent secret lui servait d'intermédiaire et fixait les prix.

Un jour un négociant, russe aussi, ayant envie, pour arrondir sa propriété, d'un terrain appartenant à un employé du haut fonctionnaire, lui proposa de l'acheter.

L'employé, ne se souciaint nullement de se défaire de son terrain, refusa.

Le négociant se rendit auprès de la femme du haut fonctionnaire, et, en lui offrant une paire de boucles d'oreilles, lui donna à entendre qu'il y aurait pour elle de bonnes épingles si elle décidait son mari à faire vendre le terrain.

Quelques jours après, le haut fonctionaaire fit appeler l'employé.

— Vous avez un bien à vendre ? lui dit-il.

— J'ai un bien oui, un bien à vendre, non.

— Vendez-le tout de même, croyez-moi.

— Pourquoi ?

— Il y va peut-être de votre emploi.

— Mon emploi ! qu'y a-t-il de commun entre mon emploi et mon terrain.

— Suffit ! réfléchissez.

Le surlendemain, l'employé rencontra le haut fonctionnaire.

— Eh bien ! avez-vous vendu ?

— Non.

— Alors je vous conseille de donner votre démission, et de vous retirer du service.

Indigné, furieux, l'employé alla trouver le ministre et lui raconta tout.

Ce ministre avait ses moments de bonhomie.

— Je vous défends, dit-il à l'employé de donner votre démission, et allez dire de ma part à votre chef que c'est un drôle.

Uu autre fois, le même haut fonctionnaire accorda, moyennant finances, à un de ses employés un bel avancement. Celui-ci prit un congé et partit pour la Suisse. Là, ayant acheté une superbe montre enrichie de brillants, il l'envoya à son chef, sous double enveloppe, avec prière de la remettre à sa sœur.

Le haut fonctionnaire ne remarqua pas la double enveloppe.

—Tiens! fit-il, en regardant la montre, voilà un homme qui sait vivre ; il m'a déjà payé pour sa place et il m'envoie encore ce bijou.

Et galamment, il le porta à sa femme.

Or, voici qu'arrive une lettre indiquant de nouveau la destination du cadeau. Que faire? La dame est absente ; la montre est sur sa table. Le haut fonctionnaire la prend et l'expédie à la sœur; mais connaissant le joli caractère de sa moitié, il court en ache-

ter une autre aussi semblable que possible, et la dépose à sa place.

La dame revient: étonnée de ne pas retrouver la
montre qu'elle a laissée, elle se fâche, et dans un
mouvement de colère, elle lance la nouvelle contre le
mur où elle se brise en mille morceaux.

En ce moment le haut fonctionnaire entra chez sa
femme; on devine quelle scène !...

Il existe, à Helsingfors, une académie dite *Société
de littérature finnoise*. En reconnaissance des ouvrages que j'avais déjà publiés sur la Finlande on m'en
nomma membre; je répondis à cette gracieuseté par
une longue lettre que la société fit imprimer avec
luxe. L'idée me vint alors d'offrir à la bibliothèque
de l'université le grand ouvrage sur Ninive que notre
gouvernement distribuait aux principales bibliothè-
ques de l'Europe. J'en référai en France au ministre
de l'intérieur, qui s'empressa de mettre un exemplaire de l'ouvrage à ma disposition.

Son arrivée à Helsingfors fut un événement. Le
Consistoire universitaire m'en adressa ses remercie-
ment officiels ; les journaux du pays le célébrèrent
avec enthousiasme. — La France républicaine, écri-
vaient-ils, vient de faire à la Finlande par l'entremise
de M. L. L. un cadeau royal.

Ces incidents me mirent en rapport avec plusieurs
personnages qui, à l'étude de leur littérature nationale, joignaient l'étude de la littérature française.

— Est-ce qu'avant de nous quitter, me dirent-ils,

vous ne nous donnerez pas quelques séances sur la littérature de votre pays? Les gens instruits ne manquent pas chez nous qui savent le français, vous auriez un nombreux public.

Après avoir consulté et réfléchi, je promis six séances, et en fis distribuer le programme.

Je les donnai dans la grande salle des solennités académiques, une salle, comme nous serions heureux d'en avoir en France. Le gouverneur général, le gouverneur de la province , les membres du Sénat et du Corps universitaire, les étudiants, beaucoup de dames, tel était mon auditoire.

Je ne relaterai point ici les matières que je traitai. Qu'il me suffise de dire qu'à la façon dont on m'écoutait, il était visible que j'étais compris. Je fus charmé d'avoir fait cette expérience; elle flattait mes sentiments patriotiques.

La presse locale rendait compte de mes séances, et ne ménageait pas ses compliments. Une seule voix discordante s'éleva, celle du nommé Berntdsson, dont il a été question au commencement de ce chapitre. La courte carrière de sa pièce l'avait rendu nerveux. D'ailleurs, ne sachant que médiocrement la langue française, ne comprenant rien au génie et à l'esprit français, il devait lui être désagréable de s'associer à une manifestation si honorable pour la France.

V

Despotisme et patriotisme

Parmi tous les pays de l'Europe, la Finlande est
un de ceux où la culture de l'intelligence est la
plus répandue. Les établissements scolaires et académiques y abondent. C'est un phénomène presque
inouï que d'y rencontrer un homme où une femme ne
sachant pas lire. Dans toute maison, jusqu'à la *tupa*

la plus humble, une bible est en permanence, et l'usure des pages, leur ton jauni, témoignent qu'elle est fréquentée. assidûment. Pour chaque individu, d'ailleurs, le genre d'instruction est approprié à sa condition ; les classes ne déversent guère les unes dans les autres ; sauf de rares exceptions, l'homme né paysan reste paysan, et fût-il doué de science et de sagesse extraordinaire, fût-il grand poëte (on compte beaucoup de poëtes chez les paysans finnois), il ne s'en prévaudra pas pour déserter son champ et aller parader dans les villes.

Je ne descendrai pas dans les régions élémentaires de l'enseignement ; je m'en tiendrai aux sommets.

L'université de Helsingfors, on peut le dire, est la mère nourricière de la Finlande : car tout ce qui rayonne, tout ce qui exerce une action intellectuelle sur le pays en sort. Elle est organisée d'après le type des deux grandes universités suédoises, avec ses quatre facultés de théologie, de droit, de médecine et de philosophie. Dans mon prochain volume sur la Suède, j'exposerai cette organisation en détail. Ici, je crois devoir me borner à ce qui est exclusivement national.

Quoi de plus national qu'une chaire de langue et de littérature finnoises ! Le gouvernement suédois ne songea jamais à l'ériger, le gouvernement russe lui fit longtemps obstacle. Le prince Menschikoff qui ne comprenait d'autre nationalité que la nationalité russe, ne voulait même pas en entendre parler. Cette fois encore, il dut s'incliner devant la volonté plus éclairée et plus libérale du grand-duc héritier Alexandre ; et la chaire finnoise fut créée.

C'était le 1er mai 1851. J'assistai à la leçon d'ouverture. L'affluence était considérable, ce qu'expliquaient l'intérêt du public et la personnalité du professeur. Ce professeur était Mathias-Alexandre Castren, si connu du monde savant par ses voyages répétés à travers toutes les régions qu'avait occupé la race finnoise, et où il en reste encore des débris : la Karélie et la Laponie, la Russie jusqu'à l'Oural, la Sibérie jusqu'à l'Altaï ; par ses immenses travaux philologiques, par ses écrits d'un style s élevé et à la fois si clair. Castren est mort en 1852, âgé seulement de quarante ans. La Finlande conservera de lui un éternel souvenir : elle le regarde comme le héraut et le champion le plus glorieux de sa nationalité.

J'étais très-lié avec Castren et le voyais souvent. Il était du caractère le plus aimable, le plus obligeant. J'avais mille occasions de le mettre à l'épreuve. Il satisfaisait à toutes mes questions et quand je lui posais des problèmes à la solution desquels je tenais, il n'hésitait pas à me consacrer de longues heures. Dans ses théories sur la race finnoise, il la désignait habituellement, à l'exemple de presque tous les ethnographes, sous le nom de « la blonde race ». Je le plaisantais à ce sujet. Il avait épousé, en effet, une jeune Finnoise pur sang, dont la chevelure était d'un noir d'ébène. — Permettez-moi, lui disais-je, en lui montrant sa femme, de vous présenter un bel

échantillon de la blonde race. — L'exception con-
firme la règle, répondait-il en souriant.

L'institution d'une chaire finnoise à l'université de
Helsingfors avait eu de laborieux préludes. Maitresse
de la Finlande pendant des siècles, la Suède ne l'avait
guère exploitée qu'à son profit ; se souciant peu de
son génie propre, et par suite de sa littérature nationale. Cette littérature existait pourtant ; quelques
filons épars en avaient trahi la mine ; il ne s'agissait
que de l'élargir et d'y puiser à pleines mains. Telle
fut la tâche qu'entreprit en 1828, le savant et courageux docteur Lönnrot.

Comme je suis le premier, je pourrais dire le
seul Français qui ait fait connaitre la Finlande et
sa littérature en France d'une façon large et per-
tinente (1), on me permettra quelques développe-
ments sur ce sujet : il est intéressant et instructif.

C'est dans les campagnes, à l'ombre des *tupas* populaires, que se sont conservés, pendant des siècles,
les monuments de la littérature finnoise nationale.
Là, vieillards et jeunes gens, vieillards surtout,

(1) Voir mes ouvrages : *La Finlande,* etc. 2 vol. in-8
Paris, Jules Labitte, 1845. — *Histoire littéraire du Nord,*
1 vol. in-8. Paris, Gide et Baudry, 1850. — *Études sur la
Russie et le Nord de l'Europe,* 1 vol. in-12, Paris, Li-
brairie nouvelle, 1855. — *La Baltique,* 1 vol. in-12. —
Les *Iles d'Åland,* 1 vol. in-12, Paris, Hachette et Cie
1855. — *L'Ours du Nord,* 1 vol. in-12. Paris, Maurice
Dreyfous, 1879.

chantent ces *runot* antiques qui leur ont été trans-
mises de génération en génération. Ceux dont la
mémoire est la plus riche en souvenirs y jouissent d'une estime et d'une considération singulière. Ils apparaissent aux yeux du peuple comme par-
ticipant à la vertu et à la puissance de ces âges héroï-
ques dont ils chantent les merveilleuses aventures.
Mais, ce n'est pas seulement dans la Finlande proprement dite qu'abondent les *runot* traditionnelles ;
partout où a vécu la race finnoise, partout où vivent
encore des débris ou des alliés de cette race, depuis
le nord de la Norvège jusqu'aux versants de l'Altaï,
ces mêmes *runot* se retrouvent identiques quant au
fond, malgré le mélange et la disparité des éléments,
la multiplicité des variantes, en sorte que leur masse
réunie peut être considérée comme le monument
littéraire synthétique et complet de toute la nationalité finnoise.

Ainsi que je le disais tout à l'heure, c'est le
docteur Lönnrot, qui prit l'initiative de recueillir
les *runot*. Pendant plusieurs années, à partir de 1828,
il parcourut dans tous les sens les régions de l'ancienne Finlande ; il visita chaque cité, chaque village,
chaque habitation, s'asseyant à tous les foyers, in-
terrogeant tous ses hôtes, et faisant chanter les *runoiat* populaires jusqu'à épuisement de leurs chants.

A son retour, quand il eut dépouillé ses cartons et
mis en ordre ses matériaux, il se trouva en possession de plusieurs poëmes lyriques détachés qu'il pu-

blia sous le titre de *Kanteletar* (1) et d'une grande épopée antique à laquelle il donna celui de *Kalevala* (2).

Ces deux ouvrages ont rendu le docteur Lönnrot célèbre. On l'a surnommé l'Homère finlandais.

Dans une série de lettres où il raconte les péripéties de son voyage il donne de curieux détails sur la manière dont il recueillait les *runot*. En certains endroits, les paysans les regardent, surtout les grandes *runot* traditionnelles, comme un mystère sacré et inviolable; ils les chantent entre eux, les dérobant avec soin aux étrangers. Les livrer serait à leurs yeux une profanation, et quelque instance, quelque

---

(1) De *kantele*, instrument de musique des Finnois. Il a la forme d'une guitare et se garnit avec des crins de de cheval. Un autre instrument dont ils font également usage, c'est la *harppu* à cinq cordes, qu'ils montent en la mineur, le ton favori de toutes les nations du Nord.

(2) Voir mon ouvrage : Le KALEVALA, *Épopée nationale de la Finlande et des peuples finnois.* — Traduit de l'idiome original, etc. 1 fort vol. in-8º, Paris, 1ʳᵉ édition, Librairie internationale, 1867.—2ᵉ édition, C. Marpon et L. Flammarion, 1879. — A propos de cet ouvrage, une revue très-compétente, la *Revue critique d'histoire et de littérature* dit : « La littérature comparée qui s'enrichit tous les jours de matériaux imprévus, n'a pas fait de conquête plus précieuse que la poésie finnoise. Nous devons donc, avant toute chose de vifs remerciements au laborieux écrivain, qui a bien voulu mettre à notre disposition les trésors qu'elle renferme. »

promesse qu'on leur fasse, ils s'y refusent obstiné-
ment. Ce n'est qu'à la longue et après être entré
peu à peu dans leur intimité que l'on parvient à
vaincre leur résistance. En sa qualité de médecin,
Lönnrot avait, pour cela, plus de facilité que tout
autre; il les soignait dans leurs maladies, et en retour
de ses soins, ils n'osaient lui refuser leurs chants.

Dans les gouvernements d'Archangel et d'Olonetz
où, depuis le dixième siècle, la population d'origine finnoise est soumise à la Russie dont elle a pris
la religion et en partie les usages, les bardes populaires font des antiques *runot* un objet de commerce :
ils les chantent à qui les paie. Il en est de même en
Ingrie, avec plus d'âpreté encore, car tandis que
partout ailleurs, les paysans acceptent sans difficulté,
en échange de leurs *runot*, des livres, par exemple,
du papier, des rubans etc., les Ingriens rendus plus
avides par le voisinage de Pétersbourg (1) et la fré-
quentation de ses marchés, ne chantent que contre
argent comptant. A ces obstacles, se joint la suspi-
cion qui pèse sur les collecteurs de runot. On les
prend pour des espions, quelquefois pour des malfaiteurs. Un de ces rapsodes raconte que s'étant rendu
dans une localité, appelée Säätinä, espérant y faire
une riche moisson, il faillit être lapidé. Cette hos-
tilité est généralement provoquée, dans les paroisses
où prévaut la religion russe par le fanatisme des po-

(1) On sait que Pétersbourg a été bâti sur un territoire dépendant de l'Ingrie.

pes qui frappent les *runot* d'anathème, surtout les *runot* mythologiques, les représentant comme l'œuvre du diable. Toutefois, certains popes, ne voient dans l'action de chanter ces *runot* qu'un léger péché, *rääkä*, dont ils donnent facilement l'absolution. Aux yeux des orthodoxes fervents le chant des *runot* passe pour une occupation frivole; ils ne s'y livreraient à aucun prix, les jours de jeûne et d'abstinence.

Parmi les *runoiat* finnois, on compte des femmes aussi bien que des hommes. Le docteur Lönnrot cite une veuve, nommée Matho, dont la mémoire avait gardé fidèlement les *runot* les plus splendides; elle les lui chantait en tricotant.

Le *runoia* chante rarement seul; il s'adjoint un compagnon. Alors, se plaçant en face l'un de l'autre, à cheval sur un banc, les mains accrochées aux mains et se balançant doucement, ils chantent de longues heures sans s'interrompre. L'un dit une strophe que l'autre répète, puis dit la sienne que celui-là répète à son tour; et ainsi de suite jusqu'à la fin de la *runo*. Souvent, après un début calme, ils s'enflamment, ils se défient, ils font des paris; celui dont la mémoire fléchit le plus vite est déclaré vaincu.

J'ai dit que, dans plusieurs localités, la bonne volonté des *runoiat* s'achète à prix d'argent. Il ne s'agit, que de ceux dont la science est médiocre et qui ne chantent que des *runot* communes. Quant aux *runoiat* supérieurs, aux grands maîtres dans les mystères antiques, ils sont généralement moins intéressés ; on en rencontre même, qui, fiers de se trouver en présence d'un appréciateur éclairé de leur science, lui en livrent généreusement les trésors. Cette générosité se manifeste principalement chez les vieillards. Aussi bien, est-ce à eux, de préférence, qu'il faut s'adresser pour obtenir des communications de valeur. La jeunesse déserte de plus en plus les souvenirs traditionnels pour se livrer aux choses présentes ; et si la nationalité finnoise n'était douée de tant de résistance, il serait à craindre qu'avant peu, tous ces chants qui font sa gloire, et qui, jusqu'à ce jour, se sont conservés dans la mémoire du peuple, ne s'abimassent dans l'oubli.

Un vénérable *runoia*, âgé de quatre-vingts ans, disait au docteur Lönnrot : « Ah ! que n'étiez-vous là pendant la saison de la pêche, lorsque nous nous reposions près du brasier allumé sur le rivage ! nous avions pour compagnon un homme de notre village, un bon *runoia*, moins bon, toutefois, que mon père. Pendant toute la durée des nuits ils chantaient en se tenant par les mains, et jamais la même *runo* n'était répétée deux fois. Lorsque je n'étais encore qu'un petit garçon, je les écoutais avec une curiosité avide, et c'est ainsi que j'ai appris les *runot* capitales. Hélas ! déjà j'en ai oublié plusieurs. Mes fils ne seront jamais après ma mort d'aussi bons *runoiat* que je l'étais après la mort de mon père. On prise moins aujourd'hui les vieux chants que dans mon enfance ; on chante encore, dans les réunions, après

boire, mais rarement des choses de prix. La jeunesse
fredonne des chansons légères dont je ne voudrais
pas souiller mes lèvres. »

Le *Kalevala*, synthèse imposante de toutes les
runot d'un caractère épique, constitue le fond
de la littérature nationale de la Finlande. Publié pour la première fois, en 1835, il le fut de nouveau en 1849; cette fois, grâce aux découvertes suc-
cessives, étendu et complété. La grande épopée finnoise renferme aujourd'hui cinquante chants et
vingt-deux mille huit cents vers; sept mille vers de
plus que l'Iliade. Jacob Grim, l'illustre philologue
allemand, n'hésite pas à placer le *Kalevala* à la tête
de toutes les poésies populaires.

Les savants et les littérateurs finlandais ne s'en
tinrent pas là. Emportés par le mouvement qu'avait
excité la publication de la grande épopée, ils se mirent à l'œuvre avec une ardeur infatigable. Bientôt,
parurent écrits en finnois une foule de livres, vers
et prose, touchant à tous les sujets : la nationalité
finnoise s'affirmait dans ce qu'elle a de plus puissant et de plus élevé.

Le gouvernement russe s'en alarma. Jusqu'alors il
avait vu d'un œil favorable cet essor national. Con-
vaincu qu'il ne réussirait jamais à tourner en faveur
de la Russie, les sentiments d'affectueuse fraternité
que les Finnois porteront toujours à la Suède, il avait
jugé bon de les laisser s'attacher à eux-mêmes. Cela
suffisait à sa politique. Mais voici que l'émotion
causée en Finlande par le soulèvement de la Hongrie

contre l'Autriche lui donna à réfléchir. Les Hongrois, on le sait, sont les frères des Finnois par la langue et peut-être aussi par le sang. Le prince Menschikoff flaira dans cette émotion un danger. Une sympathie aussi accusée n'impliquait-elle pas une sorte de complicité? Et si on ne l'arrêtait à temps, ne s'exposerait-on pas, la race finnoise ayant de nombreux rameaux dispersés en Russie, à voir surgir à l'improviste, au cœur même du panslavisme, un *panfinnisme* redoutable? Les Lapons, les Ostiaks, les Tschérémisses, les Wogoules, les Samoïèdes se liguant ensemble et marchant à l'appel de leurs congénères de Finlande, ne se lèveraient-ils pas contre les Russes et les Cosaques dont ils ne feraient qu'une bouchée?

Tel est le beau raisonnement que des malins prêtèrent au prince Menschikoff. Quoi qu'il en soit, il paraît que l'empereur Nicolas ne le prit point pour une plaisanterie ; dès ce moment la nationalité finnoise devint pour lui un épouvantail, et il s'appliqua à la battre en brèche.

Voici l'étonnant oukase qui inaugura l'ère nouvelle.

« Nous, Nicolas Ier, etc...

« Ordonnons que les lois relatives à la censure seront complétées, pour la Finlande, par les dispositions suivantes :

« Indépendamment des ouvrages dont la publication est généralement prohibée à cause de leur esprit et de leur contenu, il ne pourra être publié en langue finnoise, aucun ouvrage nouveau, livre, brochure, écrit périodique ou non périodique, de quelque étendue que ce soit, à moins qu'il n'ait exclusivement en vue la piété religieuse ou l'utilité économique. Il est absolument défendu de publier en langue finnoise des nouvelles politiques ou des romans, même les romans que la censure permet de publier dans une autre langue. Cette ordonnance, d'ailleurs, ne préjudicie pas au droit de reproduire des ouvrages qui ont été antérieurement imprimés en langue finnoise, les anciens chants et les poésies populaires de la Finlande. De même, nous permettons de reproduire les dictionnaires et livres à l'usage des écoles qui ont déjà été imprimés en langue finnoise ; mais, aucun ouvrage nouveau, livre ou brochure, même de la catégorie des livres d'école, ne devra être imprimé sans autorisation préalable. »

On comprend qu'après un pareil oukase, la censure s'en donna à cœur-joie. Le bureau de Helsingfors, d'ordinaire assez tolérant, se montra implacable. Il le devait d'autant plus qu'étant soumis lui-même au contrôle de la chancellerie du prince Menschikoff siégeant à Pétersbourg, il avait tout à en redouter. Les écrivains de talent brisèrent leur plume. Un des plus estimés, Snellman. se vit obligé, pour vivre, de tenir les comptes d'une société de navigation ; le grand poëte Runeberg qui chantait les lacs et les forêts du pays, les exploits de ses héros, se tut ; on traqua jusqu'à la muse insouciante des étudiants ; et ceux-ci, emprisonnés dans l'uniforme moscovite, furent conduits à la baïonnette ; plus d'un censeur se dégoûta ; d'autres plus hardis donnèrent leur démission. Un censeur étant mort, on ne trouva pour hériter de ses ciseaux qu'une sorte de scribe vulgaire et méprisé dont le gouverneur civil avait fait son copiste.

En revanche, le gouvernement russe se chargea lui-même de l'instruction du peuple finlandais. Il faisait traduire dans les journaux à sa solde les articles publiés en France et en Allemagne les plus favorables au despotisme ; il se faisait même adresser de ces deux pays des correspondances cyniques où l'on établissait que la liberté n'est qu'une chimère et conduit fatalement le peuple à la corruption et à la misère. Un jour, on put lire dans le journal officiel le récit d'une intrigue galante enseignant comment un mauvais sujet peut tromper un mari, se laisser prendre par lui en flagrant délit, et néanmoins se retirer avec les honneurs de la guerre. Ce récit avait été traduit en feuilleton dans *le Journal de Saint-Pétersbourg*, par ordre exprès du gouverneur général.

Ce même journal entretenait à Paris un correspondant qui, en février 1851, lui adressait des phrases comme celles-ci : « La République se vautre dans la boue, en attendant qu'elle se noie dans le sang. Paris n'est plus qu'un coupe-gorge, qu'un cloaque de vices et de passions hideuses ; la civilisation, les belles manières, se sont réfugiées sur les bords de la Néva. Oh ! quand verrai-je ces bords enchantés? mon vœu le plus cher est d'y couler paisiblement les derniers jours de mon existence. » On traduisait cela à l'usage des Finlandais.

Tout portait ombrage; la prudence la plus méticuleuse sombrait dans le traquenard.

Un écrivain finlandais, croyant se conformer à la disposition de l'oukase relatif à la « piété religieuse, » raconta dans un feuilleton une histoire empruntée au chanoine Schmidt dont voici le précis : Une jeune orpheline élevée par une dame riche perd sa protectrice; elle ne veut accepter de son héritage qu'un grand crucifix devant lequel la défunte avait coutume de prier. L'orpheline se marie et tombe dans une affreuse misère. Désespérée, elle se prosterne au pied du crucifix, suppliant le Sauveur de venir à son secours. En même temps, elle prend l'objet sacré et le presse contre ses lèvres. Or, dans ce mouvement, elle appuie sur un ressort invisible; le crucifix s'ouvre et il en tombe un bijou de grand prix qui suffit désormais aux besoins de la malheureuse.

Cette histoire à laquelle les censeurs de Helsingfors avaient délivré sans hésiter *l'imprimatur,* scandalisa au dernier point ceux de Pétersbourg. L'orthodoxie russe pouvait-elle admettre qu'on fit servir la croix à un secours matériel? Les censeurs finlandais furent vertement censurés.

Ils le furent non moins, une autre fois qu'ils avaient laissé passer un récit où il était question d'une bastonnade infligée à un Russe. Rien de plus conforme, on le sait, aux mœurs moscovites; mais il ne fallait pas que les Finlandais pussent s'en douter.

Que gagna le gouvernement russe à ces sottes tracasseries? La nationalité finnoise abdiqua-t-elle?
elle n'en devint, au contraire, que plus persistante
et plus vivace. Seulement elle se concentra en elle-
même, elle garda un silence morne et attendit. Les
Finlandais, sont patients : « Nicolas, pas plus que
Menschikoff, se disaient-ils, ne sont immortels. »

Leur confiance dans l'avenir reposait tout entière
sur le grand-duc héritier. Depuis vingt-cinq ans
qu'ils le voyaient à l'œuvre comme chancelier de
leur Université et, après tant de preuves recueillies
de sa bienveillance, de son esprit généreux et libéral,
ils ne pouvaient s'imaginer qu'une fois sur le trône,
il ne rendît pas, de lui-même, à la nationalité finnoise, avec son libre épanouissement, la paix et la
sérénité. C'est pourquoi, ils ne manquaient aucune
occasion de lui témoigner leur dévouement et d'atti-
rer sur eux sa faveur.

En 1850, l'idée vint au Consistoire universitaire de célébrer dans un jubilé solennel, le vingt-
cinquième anniversaire de la prise de possession, par
le grand-duc, de son gouvernement académique. Cette
idée se répandit, comme un trait de flamme, dans le
pays, et tout le monde y applaudit. Elle se rattachait,
en effet, pour les Finlandais, à un souvenir qui leur
avait toujours été cher, celui où, suivant leur expression, « le père leur avait donné son enfant. » Il leur
semblait qu'Alexandre avait vécu et grandi avec eux,
et qu'ainsi leur destinée était en quelque sorte soli-
daire de la sienne. Il me paraît intéressant de citer

le rescrit adressé par l'empereur Nicolas, le 11 janvier 1826, au comte Aminoff, alors vice-chancelier de l'Université, pour lui notifier la promotion du jeune grand-duc.

« Monsieur le comte Aminoff,

« Ayant, selon les décrets de la divine Providence, après le décès de Sa Majesté l'empereur Alexandre, de glorieuse mémoire, succédé au trône de l'empire de Russie, un de nos premiers soins, en portant notre sollicitude au grand-duché de Finlande, a été de nous occuper de son Université dont la prospérité a fait l'objet de nos vœux pendant les neuf années que nous avons rempli auprès d'elle les fonctions de chancelier.

« Désirant transmettre à notre successeur les sentiments dont nous avons hérité de notre auguste frère pour la Finlande et son Université dont il était le second fondateur, et voulant, en même temps, donner à cette institution une preuve de notre bienveillance particulière, nous avons nommé chancelier de l'Université de Finlande Son Altesse Impériale le Gand-duc Héritier Alexandre Nicolaïewitch, notre cher fils.

« Ayant pris en considération que l'âge de Son Altesse Impériale ne lui permet pas encore de remplir les fonctions de cette place, nous avons ordonné que notre secrétaire d'Etat, pour les affaires de Finlande, en sera chargé provisoirement et jusqu'à nouvel ordre.

« En vous faisant connaitre notre volonté à cet égard nous vous chargeons d'en faire part au Consistoire de l'Université qui aura à adresser ses représentations et rapports à Son Altesse Impériale le Grand-duc Héritier. Le secrétaire d'État sera tenu de recevoir tous les offices adressés au chancelier, de décider les affaires de cette charge sous sa propre responsabilité au nom de Son Altesse Impériale, et de signer toutes les expéditions y relatives avec la formule suivante : *Au nom de Son Altesse Impériale le Grand-duc Héritier, chancelier de l'Université de Finlande. Par ordre suprême..*

« Sur quoi nous prions Dieu qu'il vous ait en sa sainte et digne garde.

« Nicolas. »

La célébration du jubilé étant arrêtée, le Consistoire s'adressa au grand-duc pour obtenir son autorisation officielle. Elle lui fut gracieusement accordée, et le comte Armfelt, ministre d'État, l'en informa par la lettre suivante datée du 18 décembre.

« Son Altesse Impériale, le Tzarewitch et grand duc héritier, chancelier de l'Université de Finlande, s'est fait présenter la lettre datée du 18 septembre dernier, par laquelle le Consistoire universitaire demande l'autorisation de célébrer avec les formes académiques ordinaires, le jour du 11 janvier prochain, vingt-cinquième anniversaire de l'administration de Son Altesse Impériale comme chancelier de l'Université. Son Altesse Impériale a accordé l'autorisation

demandée, et m'a chargé d'exprimer au recteur de
l'université et à messieurs les membres du Consistoire sa vive reconnaissance pour tout ce qui lui a
été dit par le Consistoire au sujet de cette solennité
si flatteuse pour elle. Son Altesse Impériale a trouvé
en cela une confirmation de l'agréable persuasion
où elle est que les membres de l'université de Finlande ont compris les sentiments de bienveillance
dont Son Altesse Impériale a toujours été animée à l'é-
gard de cette Université. Pour lui donner en même
temps une preuve de la satisfaction que Son Altesse
Impériale éprouve à se rappeler le lien qui, depuis
un quart de siècle, l'unit à l'université de Finlande,
Son Altesse Impériale a voulu lui offrir son portrait
qu'elle a fait peindre dans ce but. »

J'ai assisté à cette fête ; le recteur magnifique avait
invité par lettres spéciales, en même temps que les
fonctionnaires civils, militaires et ecclésiastiques,
les bourgeois et les marchands du pays, les professeurs, lecteurs et employés de l'université, les étudiants ; enfin, « tous les amis, tous les protecteurs
de la civilisation, venus soit de l'intérieur de la
Finlande, soit des pays étrangers. »

Il y eut assaut d'éloquence et de poésie : à la
séance académique qui ouvrit la journée solennelle,
au diner de mille couverts qui dura de deux heures à
sept heures, au bal suivi d'illuminations et d'un feu
d'artifice qui prit la nuit entière, les discours, les
cantates, les toasts, déclamés ou chantés, retentirent,
emplissant toute la ville d'une joie délirante. Le por-

trait promis se dressait dans la grande salle de l'université.

Par une délicate flatterie pour l'amour-propre national, le grand-duc s'y était fait représenter en uniforme de la garde finlandaise sur un fond et au milieu de scènes exclusivement propres à la Finlande.

J'ai raconté dans un de mes livres : *L'Empereur Alexandre II* (1), tous les détails de ce magnifique jubilé. Le poëte Frédéric Cygnæus, un poëte de l'école de Victor Hugo, célebra en style exalté, les fastes glorieux de l'Université. Sa cantate, mise en musique par Pacius, fut chantée par un chœur de jeunes filles, en élégante toilette, choisies parmi les meilleures familles de la ville. On comparait l'estrade du haut de laquelle elles se faisaient entendre à un bosquet de fleurs semé de joyeux rossignols.

Je citerai quelques strophes de cette cantate.

— Voyez! là-bas, dans ces lieux où naguère la vague courroucée ne rencontrait que d'aveugles écueils, et où l'éclair n'illuminait que des brouillards, un temple s'élève, un temple dédié aux saintes puissances de la lumière, pur comme la première confession d'une nonne, et répandant au loin l'éclat de ses rayons.

— Au milieu de cette noble lumière, un nom apparaît, couronné d'une splendeur de fête, ce nom, c'est le tien, ô Alexandre, nom cher et vénéré. Notre reconnaissance s'élève jusqu'à toi ; elle te rend grâce

(1) Page 131 et suivantes.

pour les biens dont tu nous a comblés, ces biens plus précieux que la vie.

— Sois béni pour la haute protection que tu as constamment accordée à la science et à la vérité! que la lumière du jour, que la pluie du matin fasse épanouir les fleurs au sein des prairies; le doux regard de ton amour, ce rayon du soleil de ton cœur, fait jaillir de nos âmes des fruits que les ravages du temps ne sauraient flétrir.

— Le soleil de la nature ne se couche jamais, ô prince, dans l'immense empire ou règne ton père. Mais, la lumière de l'esprit, cette lumière que tu te plais à protéger, t'environne d'une splendeur encore plus haute. Hors du cercle où elle rayonne, on ne voit fleurir ni vertu, ni noblesse, ni gloire, ni victoire, ni paix.

— Les grands esprits qui ont fondé le temple de la civilisation en Finlande t'ouvriront leur cercle lumineux, ô Alexandre, lorsque tu iras les rejoindre, dépouillé de la puissance de la terre. Nos fils, animés d'une noble ambition, n'inscriront sur leur drapeau, lorsqu'ils s'élanceront dans la carrière de la science, d'autre symbole que ton nom.

La cantate du poëte Cygnœus fut chantée à la séance académique. Voici une pièce d'un ton plus doux que le professeur Lille, poëte gracieux et délicat, récita lui-même à la fin du dîner. J'ai essayé de la traduire en vers.

Viens, prince, recevoir l'offrande,

De notre amour, de notre foi,
Du sein de notre humble Finlande,
Nos vœux s'élèvent jusqu'à toi;
Tu protéges par ton génie,
Cet autel qu'à notre patrie,
Dressèrent Christine et Brahé (1),
Et ton âme est heureuse et fière,
De voir éclater sa lumière,
Jusqu'aux frontières de Thulé (2).

Depuis que notre Académie,
Salue en toi son souverain,
Cinq lustres de ta noble vie,
Ont embelli notre destin.
Ah ! ce jour, cher à notre histoire,
Échappe à ta jeune mémoire,
Ce jour où tu nous fus donné;
Tu grandis avec notre enfance,
Tu souris à notre espérance,
Dès le berceau du nouveau-né.

Oui, chaque femme de Finlande,
Demande à Dieu d'un cœur fervent,
Pour toi, prince, ce que demande
Une mère pour son enfant :
Et lorsqu'au service fidèle,
Jeune soldat, il fuit loin d'elle,
Elle l'embrasse sans terreur,

(1) L'Université de Finlande a eu pour fondatrice la reine Christine de Suède, le comte Brahé en fut le premier chancelier.

(2) Nom poétique de la Scandinavie.

Car elle sait, la pauvre mère,
Que tu veilleras comme un père,
Sur cet espoir de son bonheur.

Elle sait qu'arbitre suprême,
Tu juges sans sévérité,
Et que tu joins, père toi-même ;
A la sagesse, la bonté ;
Elle sait que ton cœur oublie
Les jeunes erreurs de la vie,
Plutôt que de les condamner,
Et qu'il n'est aucun cri de l'âme,
Aucun talent, aucune flamme,
Que tu n'aimes à couronner.

Tu connais le but de notre âme :
Ce n'est plus, comme aux jours passés,
A travers le fer et la flamme,
De sauver nos toits menacés ;
Autour d'eux, de l'intelligence,
Nous voulons verser la semence,
Et les douces fleurs de la paix ;
Et jusqu'à la dernière aurore,
Prince que la Finlande adore,
Chanter ton amour, tes bienfaits.

Mais déjà, pour toi, quelle gloire !
Un peuple entier, dans ce beau jour,
Vient solenniser ta mémoire
Et te rendre amour pour amour ;
Si par les droits de ta puissance,
Nous sommes tiens, ta bienveillance
Nous attache encor plus à toi ;

Nos fils, marchent sur notre trace,
Pour toi, pour ton illustre race,
Fidélité, voilà leur loi!

Veux-tu que la reconnaissance
Des Finnois te gagne le cœur?
Protége en eux l'intelligence
Et tous les sentiments d'honneur!
Voilà ce que t'apprit ton père,
O prince, ta voix tutélaire,
Saura le redire à ton fils.
Les siècles poursuivront leur course,
Ils n'épuiseront point la source
Du bonheur de notre pays!

Au bal, les danses étaient de temps en temps sus-
pendues; un poëte ou un orateur déclamait soit des
vers, soit un discours. L'hymne russe exécuté à
grand orchestre eut aussi son tour; puis toutes
les voix, s'unissant en chœur, chantèrent, accom-
pagnées des instruments les plus doux, parmi
lesquels je distinguai quelques *Kantele*, le *Vårtland*
(notre patrie) du poëte Runeberg, que la Finlande a
adopté depuis quelques années pour son chant national. Je donnerai ce chant intégralement dans une
traduction que je me suis efforcé de rendre aussi fidèle que possible.

O mon pays, ô ma patrie,
Que ton nom vole jusqu'aux cieux !
Il n'est point de cime fleurie,
Point de vallon harmonieux,

Sur l'Océan, point de rivage,
Plus aimés que notre humble plage,
Que le pays de nos aïeux !

Tu parais pauvre à l'homme avide,
Dont le cœur ne bat que pour l'or,
L'étranger, vers ton sol aride,
Dédaigne de prendre l'essor.
Mais, pour nous, tes pâles bruyères,
Tes monts, tes îlots, tes chaumières,
Valent le plus riche trésor.

Nous aimons le torrent qui gronde,
Le ruisseau qui bondit joyeux,
De la forêt sombre et profonde,
Le murmure mystérieux ;
Beau jour d'été, nuit rayonnante,
Tout ce qu'on voit, tout ce qu'on chante,
Nous paraît un présent des cieux.

O pays, tu vis nos vieux pères
Brandir le glaive des combats ;
Tu les vis, travailleurs austères,
Féconder tes sillons ingrats ;
Du sort, dominant le caprice,
Sous un ciel funeste ou propice,
Marcher toujours du même pas.

Qui racontera leurs batailles,
Leur patience, leur grand cœur,
Lorsqu'au milieu des funérailles,
Du feu, du sang, de la terreur,
Le froid, la guerre, la famine,

S'abattaient sur chaque chaumine,
Brisant l'espoir du laboureur?

Ah ! ce sang qu'ont versé nos pères,
Ce sang, ils l'ont versé pour nous ;
De leurs travaux, de leurs misères,
Nous cueillons les fruits les plus doux,
Oui, c'est pour nous donner la vie
Que leur âme s'est aguerrie
Aux rigueurs d'un destin jaloux.

Finlande, ô terre fortunée,
Tu nous combles de tous les biens !
Qu'importe que la destinée,
Nous garde de nouveaux chagrins !
Nous possédons une patrie,
Qu'est-il de plus beau dans la vie,
De plus cher à tous les humains ?

Oui, quand, dans l'immortelle sphère,
Bercés sur un nuage d'or,
Des astres qu'admire la terre,
Nous irions contempler l'essor ;
Au sein de la gloire infinie,
Vers toi, vers toi, douce patrie,
Nos cœurs soupireraient encor.

O pays de la poésie,
Séjour de la fidélité,
Port où notre orageuse vie,
Trouve un sanctuaire abrité,
Ne pleure point ton indigence,
Ouvre ton cœur à l'espérance,

Et marche dans ta liberté !

Ta fleur n'est point éclose encore,
Mais, bientôt elle aura son tour,
Vois surgir ta nouvelle aurore,
Du calice de notre amour.
Quel éclat doux et magnifique !
Ah ! notre chant patriotique
Vers Dieu s'élève nuit et jour !

Le jubilé du grand-duc terminé, la réaction redressa la tête. Le terrible oukase de l'empereur Nicolas relatif à la censure n'était point abrogé ; et si, pour les vrai patriotes, il était une cause d'angoisses, ceux, aucontraire, aux yeux desquels le culte de la nationalité n'était que chimère ou chose indifférente, y trouvaient leur joie. En Finlande, comme ailleurs, on se heurte à des gens qui vivent et prospèrent des abus du pouvoir. Parmi ces derniers, se comptaient naturellement les employés russes et les employés indigènes vendus à la Russie. La solennité jubilaire, en les obligeant de rester dans l'ombre, les avait exaspérés ; ils rêvaient de revanche.

Leur début fut ridicule. Une relation de la fête avait été rédigée en langue finnoise ; ils en interdirent l'impression. Voici qui est plus fort : Les étudiants ayant bu au grand-duc, dans leurs réunions particulières avaient chanté un toast en finnois, composé, en son honneur, sur une vieille mélodie du pays. Ce toast, d'une vingtaine de vers, fut jugé pendable.

Les étudiants ne purent en obtenir l'insertion dans aucun journal ou compte-rendu quelconque; on les autorisa seulement à le faire paraître traduit en russe ou en suédois, mais à la condition expresse qu'il ne portât point le titre de *traduction*. Un instant, le français fut assimilé au finnois. Une notice sur le jubilé, avec la traduction des prières et quelques réflexions élogieuses sur la nationalité finnoise, ayant été écrite par moi sur la demande de plusieurs Finlandais de mes amis, souleva tant d'objections dans les bureaux de la censure, et fut tellement ballotée de Helsingfors à Pétersbourg, de Pétersbourg à Helsingfors, qu'à la fin, obsédé, dégoûté, j'envoyai promener les censeurs et repris mon manuscrit. Il est bon d'ajouter que, malgré le caractère exclusivement littéraire de la notice, j'avais déclaré à ces messieurs que j'acceptais d'avance toutes les suppressions qu'il leur plairait de m'indiquer.

On ne s'en tint pas là : l'Université, qui avait joué le rôle dominant dans la manifestation, se vit soumise à un régime draconien; les corrections disciplinaires, les expulsions violentes étaient à l'ordre du jour. Poussés à bout, les étudiants éclatèrent. Non, il est vrai, par une révolte proprement dite, mais, invités à un bal chez le vice-chancelier, ils s'abstinrent.

Cette affaire prit les proportions les plus graves. Trompé par les intéressés, l'empereur Nicolas, disait-on, était furieux. On parlait d'un châtiment exemplaire qui serait infligé aux étudiants; on annonçait même que l'Université de Helsingfors serait supprimée, pour être transférée, comme jadis celle de Wilna à Kiew.

Toute la Finlande était dans la stupeur.

Mais la vérité, heureusement, avait pu parvenir jusqu'aux oreilles du grand-duc. Il n'hésita pas; il partit aussitôt pour Helsingfors. Là, réunissant dans la salle de l'université tous les personnages officiels ainsi que les étudiants, il leur tint un discours, où blâmant tour à tour les torts des uns et les provocations des autres, il conclut par des paroles de clémence. L'université était sauvée; la Finlande respira. Un poëte célébra cette visite dans une pièce de vers qu'on ne lira pas sans intérêt.

> Et le soleil d'hiver a chassé les nuages
> Dont le voile jaloux cachait le front des cieux,
> Et la fatale nuit qui portait les orages,
> Vaincue a déposé son sceptre ténébreux.
> Voici, voici le jour! déjà chaque chaumière,
> Chaque hameau, chaque cité,
> S'empressent à l'envi pour fêter sa lumière,
> Les fronts courbés dans la poussière
> Se relèvent brillants d'espoir et de gaîté.
>
> Jeune prince, salut! Ainsi qu'un météore
> Tu t'es levé sur nous pour briller un instant,
> Mais, plus aimé cent fois que la plus longue aurore,
> Cet instant dans nos cœurs vivra toujours présent:
> Nos fils ont recueilli de ta bouche bénie
> Des paroles de doux pardon;
> Ah! tu nous aimes donc puisqu'à notre patrie

Tu viens ainsi rendre la vie   (ton nom.)
Prince, prends tous nos cœurs, ils sont pleins de

Oui, oui, prêtez l'oreille ! un concert populaire,
L'accompagne partout où se portent ses pas.
Et ce n'est point ici cet hommage vulgaire
Dont un servile orgueil flatte les potentats.
Non, c'est le cri d'amour qui jaillit de notre âme,
      Le rayon d'un libre foyer ;
C'est la prière à Dieu, c'est la brûlante flamme,
      Des voix d'enfants, des voix des femmes,
Portant jusques au ciel les voix d'un peuple entier.

Du sein de nos rochers et de nos forêts sombres,
L'écho répand au loin ces accents de bonheur,
Et déjà du pays ont disparu les ombres
Qui nous couvraient, hélas ! de deuil et de terreur ;
O prince, gloire à toi, c'est là ta récompense !
      Pour toi, pour nous, heureux moment !
Car le peuple finnois, en chantant ta clémence
      Exalte ta jeune puissance,
Et scelle à ta couronne un nouveau diamant.

Tu n'as paru qu'un jour sur nos plages fidèles
Mais nos vœux te suivront jusqu'aux confins du
                                  (temps)
L'amour nous portera sur ses puissantes ailes,
Nous inspirant pour toi de sublimes accents
Ah ! notre gloire à nous, n'est-ce pas de comprendre
      Ta grandeur d'âme, ta bonté?   (prendre)
A ton royal flambeau, n'est-ce donc pas d'ap-

> Comment un nom, ô Alexandre,
> Monte à travers les cœurs à l'immortalité ?

Une sorte d'apaisement succéda à la visite conciliatrice du grand-duc. La création de la chaire finnoise sembla prouver aux Finlandais que leur nationalité avait cessé d'être pour la Russie un spectre d'épouvante. Les écrivains s'enhardirent ; la censure émoussa ses ciseaux. Puis vint la guerre de 1854 : la flotte anglo-française opérait dans la Baltique ; la Suède pouvait se laisser entraîner dans le mouvement, ou s'y associer de sa libre initiative. Dès lors, les conquêtes de la Russie, dans les golfes de Finlande et de Bottnie, étaient menacées ; l'œuvre d'Alexandre Ier et même de Pierre-le-Grand risquait d'être remise en question.

Le gouvernement russe comprit qu'il était de son intérêt de se rattacher un peuple qu'il avait si cruellement froissé. L'oukase de Nicolas passa à l'état de lettre morte ; la Finlande fut choyée, adulée ; et l'on doit dire qu'oubliant vite ses justes griefs, elle se montra sensible à ces avances. Enfin, la mort de Nicolas frayant à Alexandre le chemin du trône, elle se reprit plus vivement que jamais aux espérances que le grand-duc lui avait fait concevoir. Ces espérances n'ont pas été trompées. Aujourd'hui, plus heureux que les Russes, les Finlandais, à l'abri des orages qui les ont si longtemps secoués, s'avancent d'une marche paisible et sûre dans la voie du progrès. Les expositions de 1867 et de 1878 où ils ont figuré, nous ont montré en eux les représentants laborieux et éclairés d'une nationalité digne, à tous égards, de l'attention et de l'estime de l'Europe.

VI

Esquisses laponnes

Parmi les professeurs de l'université de Helsingfors, j'en connaissais un qui s'occupait spécialement des Lapons. Il m'entretenait souvent de ce peuple ou plutôt de cette peuplade étrange. Du reste, les Lapons sont à la mode dans le monde des ethnographes et des linguistes. On s'intéresse à leurs crânes, à leur idiome, à leurs mœurs antiques ; on y trouve des éléments précieux pour la solution d'ardus problèmes ; jusqu'à leur nom qui a tenu et tient encore en éveil je ne sais combien de savants. D'où vient le mot de Lapon ? Les uns le tirent de *loap* ou *lupp*, expression laponne qui signifie poison, attendu, disent-ils, que leurs ancêtres triomphèrent du roi Anund Jakob, en empoisonnant les sources où il abreuvait son armée. D'autres de *lappa*, qui veut dire en suédois, trou, caverne, et en finnois, point extrême, ce qui semble, en effet, s'appliquer à des gens qui, jadis, habitaient le creux des rochers, et qui, aujourd'hui, sont établis aux extrémités de l'Europe.

Je laisserai les savants se débattre avec ces étymologies. Ce qui est certain, c'est que les Lapons ne veulent relever ni de *loap* ni de *lupp*, ni de *lappa* ; ils regardent le nom qu'on leur donne comme une insulte, et s'appellent eux-mêmes, ainsi que les Finnois, dans leur langue nationale, *Suomalaiset*, peuple des marais, ou *same*, peuple des montagnes. Question d'amour-propre sur laquelle il est indifférent, je pense de les chicaner.

— Eh bien ! me dit un jour le professeur, ami des Lapons, la Laponie ne vous tente-t-elle pas ? Vous avez déjà vu la Russie, la Finlande, le Danemark, la Suède, la Norvége ; la Laponie vous manque, venez avec moi, je serai heureux de vous en faire les honneurs.

— Quand partez-vous ?

— A l'automne prochain ; c'est la meilleure saison.

— Alors, j'aurai le regret de ne pas vous accompagner ; mon intention est d'aller en Laponie, mais seulement, au commencement de l'été, en retournant en Suède.

Je partis, en effet ; mais, ma visite aux Lapons fut très-sommaire ; il ne m'en reste que quelques notes éparses que je reproduirai d'après mon carnet de voyage.

La Laponie embrasse toute cette partie de l'Europe septentrionale qui s'étend entre le 28° et le 59° de longitude ouest, et entre le 65° et le 71o de latitude nord ; bornée au nord par la mer glaciale, à l'est par la mer blanche, au sud, par la Suède et la Finlande, à l'ouest par la Norvége, elle occupe une superficie de 41,850 mille carrés géographiques. La Laponie se partage entre les royaumes de Suède et de Norvége et l'empire russe. Son sol est inégal, âpre, montagneux ; on y trouve des pics s'élevant à 4000 et jusqu'à 6000 pieds au-dessus du niveau de la mer. Climat rude, nuits éternelles pendant l'hiver, pendant l'été jours sans fin. Beaucoup de fleuves, de lacs, de marais ; des chutes d'eau superbes. Peu de terres cultivables ; des bois rabougris et maigres ; en revanche les fraises abondent et du parfum le plus délicat ; j'en écrasais par millions dans mes excursions, tellement les fraisiers se confondent avec le gazon.

Ce qu'on appelle ville ou village en Laponie n'offre rien de particulier. Les maisons sont plus ou moins bâties dans le style finnois ou suédois ; seul le site a du caractère. J'ai visité Ijo, Kemi, Tervola, Rovaniemi, pour delà descendre jusqu'à Torneå. Torneå jouit d'une certaine célébrité, principalement à cause du voisinage de l'Avasaxa, montagne du haut de laquelle on va contempler le soleil de minuit au solstice d'été; en elle-même, la ville est insignifiante. On n'y compte guère que 700 habitants. Il paraît, qu'au dix-septième siècle, elle possédait une très-belle église; mais elle a été détruite par l'incendie, et on ne l'a pas relevée depuis.

En arrivant à Kemi, j'eus la chance de tomber en pleine foire. Une foire laponne! Il y avait là des Lapons de toute classe, de tout âge, de tout sexe. Et quelle variété, quelle originalité de marchandises! Fanons de baleines, peaux d'ours noirs ou blancs, peaux de renne en quantité innombrable, cornes de renne, poils de renne, quartiers de renne fumés, souliers et gants de façon laponne, finement poilus, brillamment lustrés et bordés de languettes de drap rouge ou bleu, sacs et boîtes à sel en écorce de bouleau, poissons séchés et salés, quelques bâtons et tambours runiques chez un marchand d'antiquités.

On faisait la cuisine en plein air : je m'approchai d'un chevalet formé de trois perches fixées en terre, auquel était suspendue une chaudière où fumait le café. Les Lapons, les Laponnes surtout, sont très-friands de café; il en est qui en prennent jusqu'à trente tasses par jour. A défaut de sucre qui leur manque souvent et dont ils sont très-économes, ils y mettent une sorte de sirop de baies qui l'affadit singulièrement.

Parmi les gens de la foire, un vieux Lapon assis à l'écart sur le gazon fumait sa pipe; il avait l'air étranger à tout ce qui se passait autour de lui.

Le tabac est la passion du Lapon; il le savoure avec volupté et y goûte une jouissance qui va parfois jusqu'à l'extase. Quand il ne peut s'en procurer, il est l'homme le plus malheureux du monde. On en a vu, en pareil cas, mâcher quelques débris d'une vessie ou d'un tonneau dans lesquels la plante avait été renfermée, et pour compléter l'illusion ils se crachent dans les mains et se frottent les narines de leur salive imbibée du précieux suc. Après le repas, s'ils sont plusieurs et qu'ils n'aient qu'une seule pipe, ils se la font passer de l'un à l'autre, de manière à ce que chacun, humant une gorgée de fumée, tout le monde soit content.

Un Finlandais que j'avais rencontré quelquefois à Helsingfors m'ayant aperçu, s'approcha de moi.

— Vous m'avez l'air, me dit-il, de regarder avec intérêt ce vieux Lapon; je le connais; l'hiver dernier je suis resté trois jours chez lui; c'est un des plus riches propriétaires de rennes de la contrée; il m'a même fait cadeau d'un des plus beaux sujets de son troupeau avec le traineau et l'attelage. Je m'en sers maintenant comme si je n'avais fait que cela de ma vie; mais, il m'a causé et me cause encore pas mal d'embarras.

Et à propos de son renne, le Finlandais me donna de curieux détails.

— De la mi-avril à Noël, je le confie à la garde d'un Lapon qui le mène paître avec les siens. Cela me coûte deux riksdalers. Pendant le traînage, mon renne broute la mousse des rochers et des arbres. Tout son entretien me revient annuellement à vingt-cinq riksdalers. Je fais avec lui quinze kilomètres en trente-cinq minutes, et vingt en cinq quarts d'heure. C'est joli, n'est-ce pas? Chez moi, il est attaché dans l'écurie, où on lui donne de la mousse sèche deux fois par jour. Il mange de la neige au lieu de boire de l'eau, ce qui le rend facile à servir. L'air libre lui va mieux que l'écurie où il ne reste volontiers que par les temps humides. Plus le froid est vif, plus il a de feu. Au printemps, ses cornes tombent souvent au milieu d'une course, l'une d'abord, l'autre après. Alors, le sang dégoutte de sa tête. Lancé, il ne s'en inquiète pas, et le sang sèche vite ; au repos, il passe un de ses larges pieds de derrière sur la blessure, il la frotte, en guise de baume, avec de la neige, ce qui en achève la guérison. Les cornes repoussent assez rapidement, et quand on me le rend, en plein hiver, elles se déploient dans toute leur beauté. Rarement, par exemple, les cornes d'une année ressemblent à celles de la précédente; mais ceci regarde les naturalistes.

Le renne est le fidèle compagnon du Lapon, il en est même la marque distinctive. On ne comprendrait pas un tableau représentant un Lapon, s'il n'était escorté d'un ou deux rennes. Cependant cet animal a connu d'autres pays que la Laponie. En France, il s'est étendu jusqu'aux Pyrénées. On l'y rencontrait encore au quatorzième siècle.

Du temps de César, il vivait en Franconie, en Thuringe, en Bohême, en Hongrie ; on l'a vu en Esthonie, dans l'ile suédoise d'Öland, en Danemark, à Bornholm et autres iles. Maintenant, outre la Laponie, il se trouve au nord de la Norvége, de la Suède et de la Finlande, au nord de la Russie, dans la région de l'Oural ; de l'Asie jusqu'au Kamsckatka, de l'Amérique, enfin, au Groënland et au Spitzberg.

Bien qu'en Europe et en Asie, le renne soit généralement apprivoisé, le renne sauvage n'y est pas rare ; au commencement du siècle, il errait en troupes nombreuses dans les régions désertes de l'ancienne Finlande. Les rennes sauvages de Laponie sont plus hauts de taille que les rennes apprivoisés. C'est pourquoi, anciennement, lorsqu'ils en possédaient une quantité considérable, les Lapons envoyaient les femelles dans les bois afin que leur accouplement avec des mâles sauvages leur donnât une race plus vigoureuse.

Le renne joue dans la cuisine laponne un rôle dominant. On mange la chair bouillie, rôtie, séchée ou fumée ; du lait on fait du fromage ou de la soupe. Parfois on le mêle avec le sang de l'animal ; c'est un aliment fortifiant. Pendant l'hiver, on conserve le lait dans des vases de bois ou des outres où il gèle. On le coupe alors en tranches avec une hache. La chair de renne s'exporte aussi au dehors ; j'en ai fréquemment mangé en Suède et en Finlande ; un cuissot de renne bien préparé pourrait rivaliser avec un cuissot de chevreuil.

Les Lapons forment une population totale d'environ 26,000 âmes, dont 16,000 en Norvège; 6,500 en Suède, 1,000 en Russie et 1,500 en Finlande.

On divise les Lapons en trois classes principales : Lapons des montagnes, Lapons pêcheurs et Lapons des bois. Chacune de ces classes a son genre de vie propre.

Les Lapons des montagnes sont les plus nombreux ; ils constituent le type caractéristique de la race. Les autres n'en sont, en quelque sorte, que l'élément bâtard. Qui n'a pas vu un Lapon des montagnes n'a pas vu de vrai Lapon.

Le Lapon des montagnes est, dans toute la force du terme inféodé au renne. Il ne vit que par lui et pour lui ; en toute circonstance il marche à sa remorque. C'est pourquoi, il est essentiellement nomade ; pendant l'été, il voyage à pied, le renne porte les effets sur son dos ; pendant l'hiver en traineau ; le renne tire. Le Lapon de Norvège va jusqu'à la mer glaciale ; la mer appelle le renne. C'est en vain que le gouvernement de Finlande interdit cette émigration ; le renne passe outre, et, bon gré, mal gré, le Lapon suit.

Voici, du reste, comment se distribue l'année.

Durant la belle saison, le Lapon se tient au sommet des montagnes. Vers le mois d'août il commence à en descendre pour se rapprocher de sa résidence d'automne où, d'ordinaire, il possède une petite cabane en bois. En octobre ou au milieu de novembre, il descend encore plus bas; à Noël, il campe à l'entour des églises où il remplit ses devoirs religieux : baptêmes, mariages, etc. L'hiver ne le fixe pas; il change souvent de place, le renne courant après la mousse. A la fin de l'hiver, avant le dégel il retourne à sa résidence d'automne, où il a laissé ses provisions et ses vêtements d'été. Là, il attend que les femelles aient mis bas ; puis, chassé par les moustiques qui, en Laponie, sont insupportables, il reprend le chemin des montagnes. Quand il ne s'éloigne que pour quelques jours, il construit une sorte de magasin aérien où il dépose ses effets, pour les mettre à l'abri des bêtes sauvages.

Avec une pareille existence, le Lapon, on le conçoit, ne saurait avoir de maison proprement dite. Il se construit une tente mobile, *Kota,* en toile ou en feutre, suivant la saison, dans laquelle il s'installe avec sa famille; cette tente a ordinairement six pieds de haut, douze de large et quinze à dix-huit de tour. L'intérieur est divisé à peu près comme la *pirrti* des Finnois.

A propos de la tente laponne, je reçus un jour, à Stockholm une singulière visite. J'étais descendu à l'hôtel de Francfort. Un voyagenr qui occupait une chambre voisine de la mienne, frappa à ma porte.

— Monsieur, me dit-il, je suis Français; et comme j'ai appris que vous étiez Français aussi, j'ai cru convenable de venir faire votre connaissance.

— Monsieur, lui répondis-je d'un ton très-froid, mon habitude, à l'étranger, est de ne faire la connaissance d'un compatriote, qu'autant que je le rencontre dans le monde que je fréquente ou qu'il m'est présenté par notre ambassade.

— Alors, je vous embête, n'est-ce pas ? Pourquo ne pas me le dire franchement ? je ne suis pas fier. Adieu, pardon, excuse !

Cette façon originale de se laisser congédier me dérida. Je retins le visiteur.

— Vous me paraissez un drôle de corps, lui dis-je, en souriant, que me voulez-vous ?

— Ah ! voilà ! je voyage pour les papiers de tenture, et je ne fais ici que de maigres affaires. Mon intention est de me rendre en Laponie. On m'a dit que vous arriviez de ce pays; j'avais espéré que vous voudriez bien me donner une lettre de recommandation pour les Lapons.

— Les Lapons ! mais, vous ne savez donc pas qu'ils habitent de simples tentes et que le papier de tenture leur est aussi inutile qu'inconnu ?

— Bah ! je le leur ferai connaitre; je leur prouverai de plus qu'ils ne sont que des imbéciles ; et soyez sûr qu'ils prendront ma marchandise.

On a bien raison de dire qu'nos commis-voyageurs ne doutent de rien.

Cependant le Lapon ne peut pas toujours se servir de sa tente : par exemple, si, dans le cours d'une migration, le mauvais temps l'a empêché de l'enlever. En pareil cas, il n'a d'autre choix que de passer la nuit en plein air. Pendant l'hiver, il se couche sur la neige, couvert de son traineau. Ses vêtements épais joints à l'habitude font qu'il n'en souffre pas. Même lorsque la neige, tombée drue, l'a complétement enseveli, il n'en prend souci ; une fois réveillé, il émerge du blanc sépulcre, frais et souriant.

Ainsi le sort du Lapon des montagnes n'est pas trop à plaindre. Cette vie nomade à travers des régions où personne ne lui dispute sa place, développe en lui l'instinct de l'indépendance. En face de la libre nature, ses pensées s'élèvent, ses sentiments s'épurent, ses forces physiques et morales grandissent. Mais, il faut dire aussi qu'il y contracte des habitudes d'insouciance rare. « A chaque jour suffit sa peine, » telle est sa devise. Il en résulte chez lui un abandon qui va jusqu'à la légèreté, une naïveté puérile ; en maintes circonstances, il se montre le plus crédule des hommes.

Une scène intéressante, à laquelle j'avais plaisir à assister, c'était le soir, lorsque les rennes étaient ramenés à la *kota,* pour y rendre le tribut de leur lait. D'aussi loin que l'œil pouvait atteindre, on les voyait arriver en troupes bondissantes, l'œil ardent, les cornes hautes, poussés par les chiens. Si légère était leur course qu'on n'entendait point les battements de leurs pieds. On entendait seulement un craquement d'os semblable à une décharge électrique, bruit propre aux rennes assemblés. Puis, quand tous étaient là, deux cents, trois cents, quatre cents, reniflant doucement, broutant l'herbe ou la mousse répandue autour d'eux, s'abreuvant aux ruisseaux, les jeunes filles accourues avec leurs grandes jattes de bois, désignaient aux garçons les rennes qu'elles voulaient traire. Ceux-ci s'empressaient de leur jeter une courroie aux cornes, pour les leur amener ; les bêtes se dérobaient souvent ; alors, les jeunes filles de rire et de se moquer. Mais le père et la mère grondaient : « Quelle maladresse, quel temps perdu ! » Et de leurs mains expérimentées, ils prêchaient d'exemple. — Un pasteur protestant qui assistait un jour avec moi à cette scène, la comparait à une pastorale biblique ; il voyait dans le père le vieux Laban, dans les filles Lia et Rachel. Peut-être appartenait-il à cette classe de savants qui attribuant aux Lapons une origine sémitique, les déclarent les seuls vrais descendants des enfants d'Israël. Le climat suivant eux serait l'unique cause qui a altéré leur beau type primitif.

Les Lapons ont, dans leur langue, des chants appropriés au renne d'un caractère fort original. En voici un que j'essaie de traduire :

« Les rennes ont pris leur course. Comme leur poil

est rude! comme ils sont têtus! comme à travers le
monde elles s'élancent les fières bêtes! Comme ils
torturent l'homme! comme les hommes suent au
front en les poursuivant! Hai! hai! je suis exténué à
force de courir après eux. Comme il est bon de jouir
de leur chair, de leur peau, de leurs cornes, de leurs
veines et de leurs os! Oui, que le renne est bon!
Qu'il est excellent! Hai! hai! il a la queue courte.
Comme il est grand, comme il est ombrageux! On ne
peut les saisir que lorsqu'ils sont deux ou trois cents.
Les voilà dans un seul endroit! comme ils sont nombreux! comme ils se précipitent! mais si l'on doit manger son renne, il faut rebrousser chemin, il faut gagner les lacs et les neiges, pour y essuyer sa sueur et
s'y rafraichir; et si le lieu est supportable, ne pas
le quitter avant le coucher du soleil; et le lendemain, quand le soleil se lève, il faut retourner encore
aux lacs, aux neiges, où l'on entend, alors, le renne
pousser des gémissements lamentables. »

L'entretien d'une famille laponne exige un troupeau de trois cents rennes. Ce nombre lui permet de
se préparer pendant l'été, du fromage pour toute
l'année et lui fournit assez de bêtes à abattre pour
l'hiver. Une petite famille vit à la rigueur avec deux
cents rennes; mais celle qui n'en a que cent, n'a rien
d'assuré. Le Lapon, moins pourvu encore, doit se
mettre au service, ou se faire pêcheur. Un Lapon qui
possède mille rennes est regardé comme un homme
riche; il en est qui en ont jusqu'à trois ou quatre
mille. Dans la Laponie suédoise, on compte près de

deux cent vingt mille rennes apprivoisés, ce qui donne pour la Nordbottnie et la Westrobottnie, une moyenne de trois cent trente-cinq têtes, et pour le Jemland, de cent quatre-vingts, par famille.

Si le renne est pour le Lapon une source de jouissances et de profits, il lui cause aussi de graves tribulations. Sans parler des maladies, de la disette de pâturage, il faut qu'il le protége pendant l'hiver, même quelquefois pendant l'été, contre les loups et autres bêtes féroces. Il arrive aussi qu'on le vole; des troupeaux entiers disparaissent sans qu'il sache où ils ont été attirés. Par exemple, malheur au voleur, s'il est découvert! presque toujours, il y a mort d'homme. L'industrie du renne demande des soins minutieux et une surveillance perpétuelle.

Les Lapons pêcheurs habitent sur les bords de la mer ou des fleuves; ils vivent presque exclusivement de poisson et en font commerce. Les Lapons des bois mènent une existence sédentaire; ils se livrent à la chasse, à la pêche, à la sylviculture et un peu à l'élève du bétail.

Je passe rapidement sur ces deux dernières classes de Lapons, car, ainsi que je l'ai dit, la première classe est la seule que l'on doive prendre comme le critérium de la race.

De la taille, des vêtements, des ustensiles, des mœurs et des habitudes des Lapons en général, je ne dirai rien. La dernière visite d'une famille laponne au jardin d'acclimatation nous les a fait suffisamment connaitre. Je préfère me placer sur un terrain moins exploré.

La langue laponne n'est étudiée que par quelques savants: on la considère plutôt comme terme de comparaison, comme utilité spéculative que comme idiome pratique. Une langue parlée seulement par 26,000 individus ne mérite guère en effet de figurer à d'autres titres dans le domaine de la linguistique. Il fut un temps cependant où la langue laponne était répandue dans toute la Finlande, en Norvége, en Suède, dans le nord de l'Allemagne et peut-être aussi en Danemark. De là vient que les langues du nord renferment des mots lapons en nombre assez respectable, on en trouve même dans la langue anglaise ce qui date, sans doute, de l'époque où les Danois dominaient en Angleterre.

La langue laponne est, dans les formes grammaticales, d'une extrême logique ; elle est élégante et riche ; sa flexibilité surtout étonne ; elle dissèque en quelque sorte la pensée dont, à l'aide de simples affixes elle rend les nuances les plus variées, les plus délicates. Par exemple le mot *tjuouk,* qui veut dire lumière, sert de radical à 465 mots : 131 verbes, 163 substantifs, 152 adjectifs et 19 adverbes. Rien de joli comme les expressions de politesse ou d'affection en usage chez les Lapons ; ce sont pour la plupart des diminutifs. Un Lapon rencontrant un paysan norvégien qu'il ne connait pas, l'appelle tout d'abord

Passevelje, camarade, ami ; une Laponne appelle une paysanne norvégienne *Passesouba,* sainte sœur. Le mari dit à sa femme *Loddaschan,* mon petit oiseau. Une expression bizarre est celle de *Wortzejetz,* qui signifie renne chaperonné. Comme ce renne devient plus fort, plus gras, et par conséquent, plus productif que l'autre renne, *wœrtzejetz* s'applique à tout personnage considérable.

La langue laponne ne progresse pas ; elle est plutôt en décadence, car avec elle, le peuple parle la langue des pays auxquels il est soumis : le suédois, le norvégien, le finnois, même le russe. Pour toute littérature elle n'offre que des traductions de la Bible, des lexiques et des grammaires ; j'ai rapporté de mes voyages un très-bel exemplaire de la Bible en lapon, acheté à Torneä ; mais imprimé à Christiania.

J'ai cité un chant lapon consacré au renne ; il en est d'autres consacrés à différents animaux : l'ours, le renard, la loutre, etc. ; quelques chants d'amour çà et là. Le Lapon chante volontiers ce qu'il voit, ce qu'il sent ; mais en général sa poésie a l'haleine courte ; elle est, en outre, coupée d'ellipses, qui en rendent souvent l'intelligence difficile.

Les légendes laponnes sont plus abondantes et offrent plus d'intérêt. Un professeur suédois, le regretté M. Fries, en a publié tout un volume. Ces légendes, conservées par la tradition orale comme

les *runot* finnoises, empruntent leurs sujets aux
vieilles croyances superstitieuses ; sans doute aussi à
des faits d'histoire que l'imagination populaire a obs-
curcis. Les aventures d'Askovis et de Stallo forment
un cycle inépuisable. Ce sont des types. Askovis est
l'homme faible, mais habile et rusé ; Stallo le géant
brutal, d'esprit borné, grand mangeur de chair hu-
maine. Entre eux lutte perpétuelle. Il va sans dire
qu'Askovis triomphe toujours de Stallo. Voici leur
dernière histoire :

« Stallo a tendu des filets pour prendre les
hommes. Un homme arrive ; il voit les filets et s'empresse de se jeter dans le piége. Puis il fait le mort,
et se rend si roide qu'on le dirait gelé. Stallo éclate
de joie. « Ah ! ah ! ah ! s'écrie-t-il, le vieux garçon
s'est laissé prendre ! » Et il le porte dans un coin de
sa cabane pour y dégeler. Sorti de nouveau, il dresse
une table sur laquelle il étendra le Lapon quand il
l'aura égorgé. Ses trois garçons l'entourent et le
regardent faire. Stallo ordonne à l'un d'eux d'aller
dans la cabane pour y chercher sa hache. Il ne la
trouve pas, car le Lapon l'a cachée. Il revient les
mains vides. Le second le remplace et revient de
même. Alors, le troisième, le plus jeune, est envoyé.
« Il s'est toujours montré plus fin que ces deux
lourdauds, » pensait le père. Le troisième ne trouve
pas la hache non plus, mais en revenant, il dit à
Stallo : « Voilà qu'il ouvre les yeux. — Bon, bon !
fait Stallo, il est dégelé » Et il se précipite dans sa
cabane ; mais à peine est-il sur le seuil que le Lapon

dégelé lui tranche la tête avec sa propre hache. Puis, il étrangle les trois garçons : ainsi, toute la famille de Stallo fut exterminée. »

Nous avons vu que le mot lapon *tjuouk,* signifiant lumière n'avait pas moins de quatre cent soixante, cinq dérivés, exprimant dans ses nuances les plus raffinées, l'effet multiple du phénomène. Il semble que ce peuple enseveli pendant tant de mois de l'année dans une nuit implacable, loin de s'y accoutumer, y puise une aspiration plus intense vers le jour. Aussi, l'agent du jour par excellence, le soleil, est-il de la part des Lapons l'objet d'un hommage privilégié. Ils le saluent à son retour, après le solstice d'hiver ! comme un ami longtemps perdu enfin retrouvé ; ils lui prodiguent les témoignages de reconnaissance pour les bienfaits qu'ils en attendent et pour ceux dont il en a déjà comblés. Le croirait-on ? Il existe en lapon, un poëme, un vrai poëme, presque une épopée en l'honneur du soleil. Manifestation curieuse, tant à cause de sa provenance qu'à cause de l'originalité, de la bizarrerie même, de sa mise en scène. Ce poëme a pour titre : *Paiven parnet,* les fils du soleil. L'espace mesuré à ce volume ne me permet pas de le donner dans toute son étendue, mais une exacte analyse, accompagnée de citations caractéristiques, suffiront pour le faire connaître.

Le poëme s'ouvre par une introduction où il déplore le peu de population du pays imaginaire où il

fixe l'action, le manque de jeunes gens, de jeunes
filles surtout, et où il exalte les qualités de corps et
d'esprit, ainsi que l'illustre origine du fils du soleil.
Puis vient la description d'un autre pays vers lequel
le fils du soleil entreprend un voyage.

« Une Saga a parlé, une Saga a chanté : au delà de
l'étoile polaire, à l'ouest du soleil et de la lune, on
voit des rochers d'or et d'argent, des dalles de foyer,
des pierres de lest (1) en or et en argent. L'or brille,
l'argent resplendit; la montagne se mire dans la mer
et sourit à son image étincelante. »

Le fils du soleil s'embarque sur son vaisseau (2)
avec ses meilleurs guerriers; les vents sont favorables, les enfants de la mer (les vagues), les sorciers
de la mer halent le vaisseau. Un vent d'est le pousse;
il passe devant la lune, devant l'anneau brillant du
soleil. Et pendant le voyage, ces deux astres devien-
nent peu à peu aussi petits que l'étoile polaire; mais
quand, après un an de navigation, le vaisseau touche
au pays des géants, l'étoile polaire, avec sa lueur

---

(1) On appelle ainsi les pierres que les Lapons atta-
chent à leurs filets pour qu'ils ne soient point emportés
par les vagues.

(2) Les légendes lapones racontent qu'il y avait jadis de
grands vaisseaux sur la mer glaciale, et que les Lapons y entreprenaient de longues navigations : la
mer s'étendait au loin; à l'ouest se trouvait le pays
des géants, au-delà duquel était une autre mer qui se perdait dans les nuages.

rouge et scintillante parait plus grande que le soleil. Au moment de l'arrivée, la fille unique et vierge du géant, à la lumière d'une flamme, lavait son linge et déployait ses charmes; elle aperçoit le fils du soleil et lui dit :

« D'où viens-tu ! qui cherches-tu ? cherches-tu la table de la mort (1)? O fils du soleil, boisson rafraîchissante pour mon père, morceau délicat pour moi-même; pour mes frères mets plein d'attrait; pour mes beaux-frères rôti succulent ! »

Le fils du soleil lui répond :

« Sarakka (2) m'a tissé des nerfs flexibles de mon père; j'ai sucé ma force avec le lait de ma mère. Double héritage de mon père et de ma mère. Uksakka (3) a remué le lait et a versé la science dans mon cerveau. Je cherche le sang-froid dans la tempête; l'apaisement dans la colère; dans la prospérité, la vie et la mort, un ami; dans l'adversité un bon conseil ; dans le succès un frein; pour les chagrins du cœur une compensation ; dans la misère et les angoisses un consolateur; une petite part dans le

(1) C'est-à-dire: Veux-tu devenir un gibier pour la table de mon père? Ton sang sera pour lui une boisson, etc... Les géants lapons mangeaient les hommes.

(2-3) Sarakka et Uksakka, déesses de la mythologie laponne. Elles présidaient aux accouchements. Uksakka avait en outre la spécialité de changer les filles en garçons, ce qui lui valait de la part des Lapons plus avides d'héritiers que d'héritières, des hommages exceptionnels.

butin ; un pressentiment sur l'autre monde ; je cherche de nous deux un héritier. »

Cette dernière déclaration ravit la jeune fille ; son sang bouillonne impétueusement ; son sein se soulève comme la vague ; on dirait qu'elle va s'évanouir ; mais elle donne son consentement en ces termes :

« Unissons notre sang, unissons nos cœurs, ô fils de mon innocente mère ! (1) »

Puis, elle se tourne vers son père et adresse une prière à sa mère, sa mère ensevelie dans la mort.

« O mon cher père, je te confie mes soupirs et mes désirs ! Avec une larme d'amour, je te prie, ô ma mère, au fond de ta tombe, entre le sable et l'écorce de bouleau (2). »

Le père ne peut approuver le choix de sa fille avant

(1) Allusion à sa future belle-mère.

(2) Les Lapons choisissaient autrefois, pour leur sépulture, un lieu élevé ou une colline sablonneuse. Le mort était enterré dans la position qu'il avait à sa naissance si elle était connue ; en cas contraire, dans celle où il avait rendu le dernier soupir. Les armes et les outils dont il s'était servi, étaient placés à ses côtés. Au-dessus et au-dessous du cadavre, on étendait de l'écorce de bouleau que l'on recouvrait de pierres ou d'une grande dalle. Au moment de l'enterrement, on rappelait en quelques paroles que le mort devait revenir à la vie. Quand un Lapon était tué par un ennemi, celui-ci le jetait à l'eau, ou le plongeait dans la boue, car c'était une croyance répandue dans tout le nord, qu'un individu ainsi enseveli ne pourrait jamais se venger.

que le prétendant lui ait donné une preuve suffisante de sa force ; il le défie à une sorte de combat singulier :

« Viens ici, ô célèbre fils du soleil, avec tes doigts crochus et nerveux ; allongeons nos mains, déployons nos doigts, voyons duquel des deux l'étreinte est la plus tenace, les poings les plus vigoureux. »

Prévoyant que le jeune homme aurait le dessous, la jeune fille présente à son père une ancre de fer, dans l'espoir qu'il en prendra les crocs pour les doigts du fils du soleil. Le vieillard, qui est aveugle, éprouve en effet leur force et s'écrie :

« Oui, ils sont durs, les doigts nerveux du pays du soleil, les poings aigus du fils du soleil. »

La jeune fille enseigne alors au jeune homme ce qu'il doit donner en présent à son père :

« Une tonne d'huile de baleine pour lait ; une tonne de goudron pour épices, un cheval pour hors d'œuvre. »

Sous le coup de la moelleuse boisson, engraissé de terre et d'eau, le géant s'enivre ; il saisit l'ancre et la brandit avec fureur ; la sueur lui coule du front ; apaisé enfin, il accède au désir de sa fille.

« Le géant aveugle prend les deux jeunes gens et les fait placer sur une peau de baleine, la reine de la mer. Il leur pique le petit doigt et mêle leur sang ; il leur met la main dans la main, poitrine contre poitrine, il noue ensemble leurs baisers (1),

(1) Il les fait s'embrasser.

il enlève les nœuds maudits de la jalousie (1) ;
il sépare les mains, et défait les nœuds des fiançailles (2). »

Puis vient le grand festin, après quoi le géant
donne à sa fille les présents de noce.

« Il fait briser les rochers d'or, les dalles d'argent,
près du rivage, et ordonne de les transporter sur le
vaisseau bien équipé. C'est le lot de la fille cheve-
velue, de la vierge aux cheveux bouclés, puis il
prend fièrement congé de son gendre. »

De son côté la fiancée fait porter à bord trois caisses
d'objets divers, parmi lesquels plusieurs trios de
nœuds magiques (3).

A peine les fiancés ont-ils quitté la côte que les
fils du géant qui étaient à la chasse et à la pêche
de la baleine reviennent à la demeure paternelle.

Ils se mettent à regretter leur sœur, « l'ornement
de la maison, » et demandent à leur père :

« Quel est celui dont la sueur sentait bon ? Qui a

(1) En lapon *Balfe*, nœuds que la déesse Uksakka
formait à chaque infidélité de l'un des époux, ou à
chaque mouvement de jalousie non justifié.

(2) Aux fiançailles on faisait des nœuds que l'on défai-
sait ensuite, en signe que le mariage pouvait être con-
sommé.

(3) Dans la croyance mythologique des Lapons, ces
nœuds renfermaient les vents, et servaient à déchaîner
la tempête. Pour que l'effet fût certain, chaque série de
nœuds devait en avoir trois.

flairé l'odeur de la poitrine? A qui as-tu tendu la main? Qui a déployé sa force et accompli de virils exploits? Qui charme maintenant la jeune fille? »

Le géant répond :

« Le fils du soleil, le jeune navigateur. »

Aussitôt les fils du géant lancent leur bateau sur la mer à la poursuite des disparus. Ils luttent de vitesse avec leur vaisseau et, comme ils sont de vigoureux rameurs, ils les atteignent bientôt.

Déjà le bruit des rames retentit, les grincements du gouvernail se font entendre, les vagues se gonflent et rendent un murmure sourd.

La fiancée défait le premier nœud magique.

Le vent souffle dans la voile, le bateau va à la dérive, les vagues montent haut; les fils du géant restent derrière.

Enflammés de colère, ils saisissent plus fortement les rames, et poursuivent la chasse au milieu des cris, des défis et des menaces. Ils atteignent de nouveau le vaisseau. La fiancée émue demande à son fiancé si le vaisseau peut supporter un vent plus fort; le fiancé lui assure que les mâts et les câbles sont solides. Alors, elle défait le second nœud.

Le vent d'ouest commence à souffler; il soulève les filles de la mer; la voile est horriblement tendue. Le sang bout; la vengeance altère; l'effort suprême est déployé; la sueur est essuyée; les mains sont roides; les dos recourbés; les doigts durs s'accrochent aux rames comme des griffes; les cœurs saignent; le bateau vole; les vagues sont domptées : les voilà qui approchent !

La fiancée demande si le vaisseau peut en supporter encore davantage, et elle défait le troisième nœud.

Alors, la tempête éclate avec une furie nouvelle; les mâts sont brisés, la voile déchirée, le bateau sombre.

Les jeunes fiancés arrivent heureusement au port. Les frères, jetés à la côte, grimpent sur un rocher, pour épier la fuite de leur sœur; mais le soleil les a changés en statues de pierre, et leur bateau émergé de l'eau devient un rocher.

Sur une peau d'ours, sur la peau d'un renne de deux ans, le mariage du fils du soleil, rapproché de la forme d'homme, fut célébré. Du coffre de l'épousée on tira une hache avec laquelle on élargit les portes, on agrandit les chambres; et elle enfanta les fils de *Kalla*.

Ici finit le poëme.

Kalla, dans les légendes laponnes, était un puissant chasseur qui se servait, en guise d'arc, de la Grande-Ourse; et pour lequel les étoiles de la voie lactée n'étaient rien moins que des élans qu'il poursuivait avec son chien.

A en juger par ce seul exemple, la mythologie des Lapons n'était pas à leur taille. Il est vrai qu'il y a là un sérieux argument en faveur de leur origine orientale.

VII

La région de Bomarsund

Le maréchal Vaillant et Bomarsund. — Curieux débat. —
« C'est embêtant d'avoir tort. » — Topographie des îles
d'Åland. — Caractère et mœurs de leurs habitants. — Les
îles d'Åland pendant l'été. — Mon voyage d'hiver. — Triste
séjour à Grisslehamn. — Traversée de la mer d'Åland. —
Lutte contre les glaces. — Singulier mode de débarque-
ment. — La tempête et mes fourrures. — Une halte à
Eckero. — Le duc de Leuchtenberg frappé mortellement.
— Fragilité de la glace. — Traîneaux abandonnés. — Les
Kalkar. — Une baie dangereuse. — Le marchand allemand en colère. — Arrivée à *Bomarsund*. — Hospitalité
du colonel Bodisco et capitulation du général Bodisco. —
— La campagne du tailleur. — Détroit de *Bomarsund*. —
Traversée fantastique. — Instinct des chevaux. — Une
maison ålandaise. — Cuisine de famille. — Hospitalité non
écossaise. — Mes vingt guides. — Les services d'un châle
en voyage. — Départ de *Grundsunda*. — Costume pittoresque des Ålandais. — Un courrier de poste ivrogne et
mélancolique. — *Bergen*. — Région désolée. — Les spectres nocturnes. — Montagne de neige. — Ensevelissement
et sauvetage. — Détroit libre de glace. — Les préludes de
la congélation. — Goûter élémentaire. — Les métamor-
phoses de l'eau. — Station où l'on ne mange pas. — Un lit
de haillons. — Une virago contre cinq hommes. — Les
guides exploiteurs. — Confortable de *Kumlinge*. — La
glace tragique. — Voyage à la corde. — Terribles péripéties. — Une bouteille d'eau-de-vie d'un seul trait. — Glace
d'une nuit. — Traînage final. — Arrivée en Finlande.

En 1854, lorsque, pour la première fois, retentit en France le nom de Bomarsund, l'étonnement fut général. Qu'était-ce que Bomarsund ? Où se trouvait Bomarsund ? Tout le monde l'ignorait. Le maréchal Vaillant, lui-même, alors ministre de la guerre, et le général Niel, commandant le corps du génie qui devait opérer contre la forteresse, n'en savaient pas le premier mot. J'ai raconté, ailleurs (1), comment le général vint recueillir dans mon cabinet les renseignements qu'il avait cherché vainement ailleurs. Voici la scène qui eut lieu quelques jours après, entre le maréchal et moi.

On n'a pas oublié les brusqueries du maréchal Vaillant. C'était un bourru, mais, non un bourru bienfaisant ; il était le premier à en convenir. Comme nous étions tous les deux de Dijon, et que nous nous connaissions de longue date, il me dispensait volontiers de l'étiquette. « Pour vous, me disait-il, je ne suis ni maréchal, ni excellence, je suis Jean-Baptiste Vaillant tout court. » Naturellement je n'usais qu'à bon escient de cette familiarité imposée.

Donc, le maréchal m'avait fait appeler. Je le surpris en bras de chemise ; il faisait très-chaud.

— Attendez, me dit-il, que je passe un vêtement et nous causerons.

Il disparut un instant, puis revint couvert d'un léger veston de toile.

— Eh bien ! me dit-il, il paraît que vous avez

____

(1) Voir *l'Ours du Nord*, page 115.

donné au général Niel d'excellents renseignements sur Bomarsund et les îles d'Åland. Vous êtes donc allé dans ces endroits-là ?

— Évidemment.

— Vous savez que nous y envoyons un corps expéditionnaire. Nous bombarderons la forteresse ; nous la prendrons ; puis nous occuperons les îles d'Åland pendant l'hiver, afin de nous trouver là ponr la reprise de la campagne de la Baltique.

— Vous ne ferez pas cela, maréchal.

— Je ne le ferai pas !

— Non.

— Pourquoi, s'il vous plaît ?

— Parce que vos quatorze mille hommes ne suffiront pas ; ils trouveront à peine où se loger ; leur ravitaillement du côté de la Suède, seule voie que l'hiver vous laissera ouverte sera impossible ; enfin, les Russes qui, dans ces parages, seront libres de toute inquiétude, pourront, s'il leur en prend fantaisie, lancer contre vous des forces écrasantes. »

Le maréchal répliqua ; je tins bon, et j'y mettais d'autant plus d'assurance que les événements de la guerre de 1808-1809, entre la Russie et la Suède, me fournissaient des arguments péremptoires.

Le maréchal voulut les réfuter et s'embarrassa dans une foule de raisonnements tirés beaucoup plus de son imagination que de la réalité. A la fin je m'emportai.

— Eh ! mon Dieu, monsieur le maréchal, vous ne

savez pas seulement ce que c'est que les îles d'Åland !

— Ah ! par exemple, c'est trop fort.

Et il se leva brusquement, me prit par le bras, et me conduisit devant une grande carte de la Baltique, étalée, au milieu de son cabinet, sur un chevalet.

J'examinai la carte ; elle était ancienne et n'avait rien de stratégique.

— Montrez-moi donc Bomarsund ! fis-je d'un ton très-sérieux

Le maréchal chercha sans trouver.

Alors peu à peu il se radoucit.

— Ainsi, vous croyez réellement que c'est impossible ?

— J'en suis certain, et je vous le prouve. Je pense en outre que le général Niel avec lequel je me suis plus longuement expliqué, est de mon avis ; ses prochaines dépêches vous amèneront à le partager.

— Allons ! allons ! ne nous fâchons pas. Puisqu'il le faut, on se bornera à prendre la forteresse ; on la démolira et on reviendra.

— C'est, en effet, le seul parti raisonnable. Il ne faudrait pas répéter dans la Baltique ce qu'on vient de faire dans la Mer noire. Vous savez que nos marins ont cherché à grands frais sur les côtes, le fameux Schamyl afin de le rallier à notre cause. On leur a montré des Schamyls de toute condition, car dans cette région le nom de Schamyl est un nom de famille très-répandu. Mais le fameux Schamyl n'a jamais quitté la Mer caspienne. Quelle boulette !

Le maréchal sourit ; puis, il me tendit la main, et

tout en me remerciant, me reconduisit jusqu'à la
porte.

Or, au moment où j'allais la franchir, il se redressa
tout à coup, me donna un coup de poing sur l'épaule,
et de son ton le plus bourru :

— C'est égal, me siffla-t-il, c'est embêtant d'avoir
tort !

Les îles d'Åland s'appellent en finnois *Ahvenan-
maa*, ce qui veut dire : pays des perches (*ahvena :
pertica major fluvialis ; — maa :* terre ou pays),
le suédois Åland (de å : eau, *land* : pays) signifie
pays d'eau ou entouré d'eau.

Les îles d'Åland sont situées, dans la Baltique, à
l'entrée du golfe de Bottnie entre 59° 45' et 60° 40'
latitude nord, et entre 36° 40' et 39° 40' longitude
ouest. Elles couvrent une aire de 110 kilomètres carrés, comprenant une foule d'îles dont quatre-vingts
sont habitées. La population totale est d'environ
18,000 âmes. Quelques petits lacs, çà et là ; pas de
rivière.

Le territoire d'Åland porte le titre de comté.
Depuis 1809, il appartient à la Russie et relève du
gouvernement d'Åbo, dont il forme un district ou
bailliage. Sous le rapport ecclésiastique, il est divisé
en huit paroisses ressortissant à l'archevêché d'Åbo.
On n'y trouve aucune ville ; seulement des villages,
des hameaux et des habitations isolées. Les Ålandais
vivent des produits de la pêche et du pilotage ; ils

font aussi le commerce de bois. En général, ils sont aisés sinon riches ; et leurs maisons, construites à la mode de Suède, valent mieux que les *pirrti* finnoises. On les dit serviables et hospitaliers ; cela peut être vrai ; je les ai trouvés, moi, très-âpres au gain ; et, comme leur climat et leur pays, d'un caractère inégal et fantasque.

Rien de plus charmant qu'un voyage à travers les îles d'Åland pendant l'été ! Le paysage est plein de mystère ; le soleil y verse infatigablement une lumière douce. C'est une lampe enfermée dans un globe d'opale. En glissant en bateau le long des côtes, on se prend à rêver. Chaque île, chaque îlot forme autant de bouquets de verdure émergeant d'un vase de granit. L'eau est d'un calme mélancolique ; souvent elle s'enfonce dans des lointains sans fin, visitant çà et là des retraites silencieuses et humectant discrètement les rochers rouges et les bruyères fleuries. Nulle autre voix que celles des bateliers chantant leur chant de mer, nul autre bruit que celui des filets lancés par les pêcheurs. Parfois, vers le soir, l'horizon donne le spectacle : on y voit surgir tantôt de joyeuses villas, avec leurs vertes prairies, leurs frais ombrages, tantôt des châteaux féodaux avec leurs ponts-levis, leurs tours, leurs bastions, leurs chevaliers bardés de fer, leurs jolis pages, leurs fières châtelaines ; tantôt des villes entières, villes connues ou inconnues. Puis, un léger frisson dans

l'air, et soudain tout s'évanouit. On appelle cela
scientifiquement les *Fata morgana*. De toutes les
localités du nord, les iles d'Åland sont celles où ce
phénomène météologique se produit le plus souvent.

Pendant l'hiver, le voyage à travers les iles d'Å-
land est fécond en surprises d'un autre genre. Je ne
l'ai fait qu'une seule fois dans ma vie, et je ne crois
pas que, pour tout l'or du monde, je le recommen-
cerais.

C'était à la fin de janvier 1852. Je quittais Stockholm où je séjournais depuis quelques mois. M. de F.,
premier secrétaire de notre légation, qui allait se
marier à Pétersbourg, m'accompagnait. Le comte
d'Otrante, dont j'ai précédemment parlé, à propos de
sa femme divorcée d'avec un comte A... nous
avait prêté une élégante et confortable calèche, transformée en traineau, pour nous conduire jusqu'à
Grisslehamn, station de poste voisine de la mer d'Å-
land. Il fallait traverser cette mer avant de s'engager
dans les iles.

Le voyage débuta bien ; le temps était superbe et
relativement doux ; huit ou dix degrés ; et pas de
vent ; partis de Stockholm à neuf heures du matin,
nous arrivâmes vers minuit à Grisslehamn.

Nous descendimes à la station de poste, seule auberge du lieu. Comme on ne nous attendait pas,
rien n'était préparé pour nous recevoir. On nous fit,
néanmoins, du thé, auquel nous ajoutâmes les quel-

ques provisions qui nous restaient ; puis nous nous mîmes au lit.

Bien que très-fatigué, je ne fermai pas l'œil de la nuit. Le vent, qui s'était levé, battait nos fenêtres horriblement, et il me semblait entendre au loin un bruit de tempête.

Le lendemain, à la pointe du jour, laissant mon compagnon continuer son sommeil, je sortis pour voir le pays. C'était triste ! Un misérable village composé d'une vingtaine de maisons habitées par des matelots ou des pêcheurs ; à droite et à gauche, des bois, des rochers ; en face la mer.

Quelle mer que cette mer d'Åland ! Je montai sur une hauteur pour mieux l'embrasser. Elle se déroulait au loin, avec ses vagues tourmentées et d'une teinte verdâtre. De gigantesques glaçons flottaient à sa surface, se heurtant, se brisant sur les bords aux rocs nus et dévastés ; de temps en temps sillonnaient l'air des corbeaux, des pies et d'autres oiseaux au plumage livide, au vol silencieux. Point de grands arbres : des sapins rabougris, des bouleaux sans feuilles, des broussailles maigres ; et au-dessus de ce lugubre ensemble, un ciel noir, roulant des nuages d'où tombait tantôt la pluie, tantôt la neige. Je descendis de mon rocher le cœur serré ; je me demandais si nous oserions jamais affronter une pareille mer.

Il fallut pour cela attendre quatre jours, car, indépendamment de toutes ces horreurs, le vent était contraire. Quatre jours dans cette méchante auberge de Grisslehamn ! La chambre que nous occupions

avait des murs de bois que le rabot avait à peine
effleurés; deux fenêtres étroites et basses. Il y faisait
chaud, cependant. Nous ne savions que faire pour
tuer le temps ; nos yeux fatigués se refusaient à lire,
et nous ne pouvions dormir ou causer éternellement.
L'idée nous vint de jouer au bouchon; c'était toujours
un exercice ! Enfin, le vent tourna; la mer devint
même calme et lisse, sans rien perdre, il est vrai, de sa
teinte verdâtre.

Nous frétâmes une barque pontée, avec un pilote et
quatre matelots, et nous partimes.

Nous cinglâmes d'abord assez rapidement ; une
légère brise enflait nos voiles. Mais, au bout d'une
demi-heure la brise se changea soudainement en
bourrasque, le ciel se couvrit, la neige tomba. Bientôt la tempête éclata ; à chacun de ses coups, notre
barque plongeait comme pour sombrer; le pilote,
marin expérimenté et robuste, pouvait à peine tenir
le gouvernail ; un des matelots me racontait qu'il
n'avait pas encore vu pareil temps.

Aux approches de *Signilskär*, petite île située à
environ cinquante kilomètres de Grisslehamn, le
calme revint. Nous entrions dans un archipel de rochers dont les mille sinuosités forment autant de
baies abritées. Puis, au sortir des rochers, la tempête, toujours la tempête. Ce n'est pas de l'eau que
cette mer d'Âland, c'est du granit; j'éprouvais les
mêmes sensations que dans une voiture cahotant à
travers des rochers. Cependant je tins bon : tandis
que mon compagnon, vaincu par le mal de mer, avait

disparu dans la cabine, je restai sur le pont, cramponné à un mât : tout craquait autour de moi, les vagues que je voyais arriver de loin, semblables à un cheval qui galope, fondaient sur ma tête, m'inondant de leur écume ; mon vêtement de fourrures était affreusement mouillé.

Malgré tout nous avancions : à la fin de la journée, la terrible mer était franchie, une traversée de près de vingt lieues, et nous vîmes se dresser devant nous la poste et la douane d'*Eckero*. Le difficile était d'aborder, car le port, à une longue distance, se trouvait encombré par les glaces. Après avoir beaucoup discuté, nous montâmes à cheval sur nos malles, et les matelots y ayant attaché des cordes nous tirèrent à force de bras jusqu'à terre.

Eckero, la première des îles d'Åland, n'est qu'un hameau de quelques cabanes éparses sur des rocs en granit. Seuls les deux bâtiments officiels y font une certaine figure. Descendus à la maison de poste nous y trouvâmes un obligeant accueil ; le directeur nous invita à dîner. Sa femme, voyant l'état de ma fourrure, l'étendit devant le poêle pour la faire sécher. Soins superflus ! Il eût fallu une opération plus radicale pour la débarrasser de l'humidité. J'en souffris pendant tout le voyage.

M. Montgommery (c'est ainsi que s'appelait le directeur de la poste), nous donna une foule de détails intéressants et utiles sur le trajet d'hiver par les îles d'Åland ; les accidents, les dangers, le petit nombre de voyageurs qui osent l'entreprendre.

— Le duc de Leuchtenberg, gendre de l'empereur
Nicolas, nous dit-il, a fait ce trajet en 1844, lorsqu'il alla à Stockholm pour complimenter son beau-
frère, le roi Oscar, sur son avénement au trône, et y
a pris le germe de cette maladie dont il se soigne
maintenant en Égypte. Dieu sait s'il en réchappera !
On sait que le duc de Leuchtenberg est mort en
novembre 1852.

Quand il s'agit de nous remettre en route, le choix
des véhicules fut l'objet d'une longue discussion,
Prendrions-nous des traineaux ou des voitures ? Les
postillons hésitaient. Jusqu'alors, l'hiver avait été si
capricieux, la neige si rare, qu'il était difficile de pres-
sentir au juste l'état des routes. D'ailleurs, le ciel était
gris, l'atmosphère épaisse ; de gros flocons commen-
çaient à tomber ; au bout d'une heure tout pouvait
être transformé. A tout hasard j'opinai pour les
traineaux.

Mon avis prévalut, et trois traineaux, dont l'un
pour nos bagages, ayant été attelés, nous quitâmes
Eckerö.

Les postillons avaient eu raison d'hésiter : le trai-
nage n'était franchement établi nulle part. Nous
glissions tantôt sur une surface unie, tantôt sur du
sable, sur de la boue gelée, sur des plans de rochers
nus, sur des cailloux.

Cependant nous allions assez bon train ; nous
avions surtout le cœur gai. Il nous semblait que la

mer d'Aland, ce fatal Rubicon étant franchie, nous
étions maîtres de l'espace et que les distances devaient
s'effacer devant nous. Nous étourdissions nos postil-
lions de questions, et il faut dire que leurs réponses
nous secondaient à merveille dans la bonne envie que
nous avions de nous divertir. J'avais en particulier
dans le mien, la langue la mieux pendue du pays.
C'était une belle et forte fille, apôtre déclarée du cé-
libat, qui avait éconduit plus de galants, disait-elle,
que sa mère n'avait eu d'enfants. Or, à l'entendre,
elle était née la dixième de la famille, ce qui ne l'empêchait pas de compter encore après elle, un frère
et une sœur en bas-âge. Ces nombreuses progéni-
tures se rencontrent souvent dans les îles d'Åland et
en Finlande.

Nous franchîmes ainsi une quinzaine de kilomètres. Déjà la nuit était close ; mais une lune
pleine et claire, une lune comme on n'en voit que
dans le nord, nous empêchait de regretter le jour.
Nous arrivâmes sur les bords d'une baie ; elle était
gelée, mais faiblement, et sa surface couverte d'une
légère couche de neige.

Nos traîneaux s'arrêtèrent.

— Messieurs, nous dirent les postillons, il faut
descendre ici ; car, chargés comme nous le sommes,
il nous serait impossible de traverser cette baie.

En même temps, nous vîmes accourir d'une maison
voisine des garçons et des fillettes, portant sur leurs
épaules une demi-douzaine de petits brancards en
forme de traîneaux, nommés en suédois *Kalkar*

Ils y distribuèrent nos malles, nos sacs de nuit et autres effets de voyage, de manière à les charger chacun le moins possible.

Puis, il les firent glisser sur la baie ; nos postillons les suivirent à distance, tirant leurs chevaux de toute la longueur des brides ; les chevaux, de leur côté, remorquaient lentement les traineaux vides ; nous fermions la marche à pied, en fumant nos cigares.

La baie traversée, les *Kalkar* restituèrent les bagages aux traineaux où, nous étant installés de nouveau, nous nous remimes en route. Ces évolutions se répétèrent plusieurs fois dans le cours du voyage.

Vers dix heures du soir, et, après un trajet d'environ dix kilomètres sur la terre ferme, nous atteignimes, le petit village de *Haraldsby*, où nous devions changer de postillons et de chevaux. Les deux ou trois chambres de la maison de poste étaient pleines de monde, on y faisait un vacarme d'enfer. Il y avait là un marchand allemand de Pétersbourg qui se rendait à Stockholm ; des facteurs ruraux et des paysans de l'endroit, criant, gesticulant, buvant de l'eau-de-vie. On causait du mauvais état des routes, des accidents dont on avait été témoin ; traineaux sombrés, hommes noyés ; le marchand allemand ne tarissait pas sur ses souffrances personnelles; tous se moquaient de lui. « Laisse-nous donc tranquilles, lui dit un jeune gars qui avait été en Allemagne, notre neige vaut bien ta choucroute ; tu te consoleras en volant les Suédois, comme tu as volé les Russes. »

Je demandai le livre de poste pour y faire les inscriptions obligées.

A cette demande, un soldat, assoupi dans un coin, se leva tout-à-coup et s'avança vers nous.

— Messieurs, nous dit-il, êtes-vous les personnes que le général Bodisco, de Stockholm, a recommandées à son frère le colonel commandant de la forteresse de *Bomarsund?*

— Oui, le colonel est-il à *Skarpans?*

— Certainement, et il vous attend avec impatience; voilà quatre jours qu'il m'envoie tous les soirs au-devant de vous.

— Eh bien! veillez à ce qu'on nous relaye vite; nous partons à la minute.

Skarpans est un des principaux bureaux de poste des îles d'Åland, situé à 45 kilomètres *d'Eckero*, par conséquent à 110 kilomètres de *Grisslehamn* ou de la côte de Suède. Près de *Skarpans*, ou plutôt, à *Skarpans* même, se trouve la forteresse dite de *Bomarsund*.

Nous ne fîmes, chez le colonel Bodisco, qu'un court séjour; il nous suffit, pour recueillir sur la place qu'il commandait, les renseignements qui pouvaient nous intéresser.

Il occupait une grande maison en bois, à deux étages, la plus belle de *Skarpans*, qui n'est, du reste, qu'un village de cent feux, tout au plus. Malgré son âge, plus que mûr, il avait épousé une jeune et jolie Suédoise, dont la présence ajoutait naturellement beaucoup d'agrément à son hospitalité. Il mit à notre disposition un petit pavillon détaché de son habitation principale qui lui servait de maison de bains. Tout y avait été arrangé pour nous le rendre aussi confortable que possible.

Le moment de notre départ étant venu, le colonel voulut nous conduire lui-même dans son propre traîneau, jusqu'au détroit de *Bomarsund*, le premier que nous dussions traverser en reprenant notre route. Nous passâmes sous les batteries de la forteresse, salués par les sentinelles et les soldats de la garnison.

Cette forteresse n'est plus aujourd'hui qu'un souvenir ; nous l'avons prise et détruite. Le général Bodisco, qui a signé la capitulation, était le même colonel qui nous avait si gracieusement hébergés. On raconte en Suède, qu'après la destruction des tours et des forts, le maréchal Baraguay d'Hilliers, embarrassé des matériaux, en gratifia un tailleur de Stockholm qui lui avait rendu quelques services comme interprète. Ce tailleur les ramena à Stockholm, et s'en fit construire une maison. Les loustics du pays ne désignent la campagne de Bomarsund que sous le nom de « campagne du tailleur, *Skraddare faltet.* » Il est vrai que ce chevalier de l'aiguille est à peu près le seul qui puisse la rappeler, sinon avec gloire, du moins avec profit.

Notre voyage prit une allure singulièrement fantastique. Pour l'intelligence des détails, je rappellerai que l'archipel d'Åland se compose d'une foule d'îles séparées les unes des autres par des baies ou des détroits plus ou moins larges, et semées, en outre, à l'intérieur d'une infinité de petits lacs. Quand l'hiver est rigoureux et bien assis, que la glace est profonde, la traversée est des plus faciles. Les traîneaux volent partout avec la rapidité de l'éclair. Mais quand l'hiver est mobile et fuyant, que la température ne s'est fixée nulle part à un degré quelconque, et tel fut le cas, en 1852, jusqu'à la fin de février, alors, le voyage est soumis à toutes les aventures. Pas de prévisions possibles; on ne sait ni quelle route il faudra suivre, ni de quel équipage on se servira, ni combien de temps le trajet durera.

Arrivés au détroit de *Bomarsund,* nous y trouvâmes nos traîneaux et nos guides, que, sur l'ordre du colonel Bodisco, le maître de poste de Skarpans avait expédiés en avant. Un courrier chargé du transport des lettres de Suède en Finlande s'était associé à notre escorte; il lui avait été enjoint de ne pas nous quitter, et de nous prêter son assistance personnelle, ainsi que celle de ses hommes, dans toutes les circonstances périlleuses. Tout ce monde, nous compris, formait une caravane de vingt-cinq personnes, servie par six chevaux et autant de traîneaux.

Aussi loin que portait la vue, une plaine de glace se déroulait, tantôt unie, tantôt hérissée d'aspérités, ou encombrée de masses de neige inégales jetées là par l'ouragan. D'espace en espace des rochers nus, des

oasis de sapins et de bouleaux, des crevasses profondes d'où jaillissaient, par moment, des filets d'eau
écumeuse. Une épaisse vapeur enveloppait toute cette
plaine, comme d'un crêpe funèbre, à travers lequel
le soleil tremblotait semblable à la lampe d'un tombeau.

Il était dix heures du matin. Nous nous mîmes
en route, deux de nos guides armés d'énormes pinces de fer, en avant ; les autres conduisant nos chevaux, ou poussant nos traineaux.

Vers midi, le ciel s'éclaircit : nous touchions au
hameau de *Wargata,* situé en face, à sept kilomètres
de Skarpans. Mais voici que la glace, d'abord lisse
et solide, commença à s'accidenter et à mollir. Il
fallut quitter la route directe et s'aventurer à travers
mille détours.

J'admirais le merveilleux instinct de nos chevaux.
Marchant d'un pas rapide et ferme, tant que la glace
leur paraissait solide, ils se ralentissaient peu à peu
dès qu'ils la sentaient fléchir ; brusquement ils s'arrê-
taient, sans qu'il fût possible de les lancer de nouveau.

A *Wargata,* nous fimes halte chez un paysan dont
la maison servait à la fois d'auberge et de relais de
poste. On nous y servit du lait, des œufs et du
beurre que nous trouvâmes excellents. Il n'en fût pas
de même des traineaux que l'on nous donna en
échange de ceux qui nous avaient amenés. C'étaient
de vieilles caisses de sapins, oblongues, fixées sur
un brancard auquel s'adaptaient deux longues gaules

en guise de timons. Mais que pouvions-nous désirer de mieux pour les routes qui nous restaient à parcourir ! Il nous fallait quelque chose de simple, que le premier paysan venu pût, au besoin, réparer ou même remplacer.

Nous traversâmes plusieurs petits bois coupés de marais et de lacs, durcis par la gelée et couverts de neige.

Au bout d'une heure nos traîneaux s'arrêtèrent.

Nous étions devant une maison.

Je crus qu'on allait changer de chevaux ; et comme le temps s'était tellement radouci qu'il dégelait, j'aimai mieux attendre la fin du relais dans mon traîneau que d'en descendre pour patauger dans la neige fondue.

Un quart d'heure s'écoula.

Le courrier suédois, enlevait lentement et sans rien dire, de son traîneau, le grand sac de cuir qui renfermait les dépêches.

— Eh bien ! lui criai-je, impatienté, nous ne partons pas !

— Impossible !

— Comment impossible !

— Les *rotkarlar* (guides) disent qu'il serait imprudent de se hasarder sur la mer avant de savoir où en est la glace.

— La mer est donc près d'ici ?

— Tout près.

Il eût été superflu d'insister. Je quittai mon traîneau et entrai dans la maison. Malgré son aspect

peu souriant, elle appartenait, me dit-on, à un riche
paysan. Il était dans une grande pièce, entouré
de sa famille. Chacun vaquait à quelque travail. Les
garçons faisaient du filet, les filles tissaient du
chanvre. Deux marmots en chemise gambadaient autour de l'âtre flamboyant; le grand'père lisait la
Bible dans un coin, tandis que la grand'mère,
vieille de cent ans, comme on en rencontre fréquemment dans les îles d'Åland, achevait ses derniers
jours, peut-être ses dernières heures dans un lit
placé, suivant l'usage des *pirrti* finnoises, sur la
plate-forme en briques qui couronnait le poële.

Nous fûmes accueillis par tout ce monde avec une
bienveillance mêlée de timidité.

Je demandai à notre hôte s'il pouvait nous donner
une chambre à part. Il réfléchit longuement,
supputant sans doute le profit qu'il aurait à en retirer; il parcourait d'un œil scrutateur nos personnes
et nos bagages; il adressa même à nos guides quelques allusions au salaire qu'ils recevaient de nous.
J'attendais avec anxiété, car, il m'était trop souvent
arrivé en Finlande de faire chambre commune avec
des familles entières, et quelles familles! que la
crainte d'être soumis de nouveau à pareille épreuve
me tourmentait. Enfin sans prononcer un seul mot,
le paysan nous fit signe de le suivre. Il nous
conduisit dans une petite chambre, à laquelle servait
de vestibule une sorte d'atelier rempli de filets, d'a-
virons, de débris de bateaux et d'autres objets à
l'usage des pêcheurs. Telle est, en effet, la vie des

habitants des îles d'Åland : l'été, pêchant, naviguant, l'hiver, radoubant leurs bateaux et réparant leurs filets.

La petite chambre avait un mobilier peu compliqué : une table, deux chaises, deux larges bancs servant de lit, le tout en bois de sapin façonné avec la hache, et un poële en briques grossièrement construit. Le jour y pénétrait par deux lucarnes vitrées, donnant l'une sur la mer, l'autre sur une cour où, grognaient de maigres cochons au poil hérissé, et où un jeune garçon fendait à coups de hache des troncs d'arbre encore verts pour le chauffage de la maison.

M. de F..., qui avait le génie de l'installation, se fit apporter des clous et en couvrit les murs ; puis il y suspendit nos pelisses, nos sacs de nuit, nos casquettes, nos cache-nez, nos grosses bottes fourrées : un vrai bazar.

M. de F... étendit ensuite son châle sur son lit et se coucha.

Chose précieuse en voyage, qu'un châle ! Je l'expérimentais à chaque instant. Déplié, c'est un tapis de table, une couverture de lit, une housse de cheval, un peignoir ou une robe de chambre, un rideau contre l'orage, un voile contre le soleil ; plié en deux, c'est une écharpe pour les épaules, un tapis pour les genoux ; en quatre, ou en huit, un oreiller, un coussin, une chancelière. Un châle ! n'en fait-on pas aussi une cravate, un cache-nez, un bonnet, un turban, que sais-je ? Enfin, si le voyageur vient à mourir, il est là pour lui servir de linceul.

Je fis appeler le courrier suédois.

— Où sommes-nous? lui demandai-je.

— A *Grundsunda*.

— Un gros village?

— Oh! non, monsieur, un pauvre hameau de quelques maisons dont vous habitez la meilleure.

— En ce cas, il n'y a rien ici d'assez attrayant pour nous retenir. Nous partirons le plus tôt possible, entendez-vous?

Le courrier s'inclina.

Un instant après, le maître de la maison entra dans notre chambre.

— Messieurs, nous dit-il, mes garçons vont aller à la mer pour sonder la glace; n'avez-vous rien à leur recommander?

— Rien, sinon qu'ils se dépêchent et nous rapportent de bonnes nouvelles; il faut absolument que nous partions.

Au bout de deux heures, les fils du paysan étaient de retour. Une vingtaine d'hommes, qu'ils avaient enrôlés à notre intention et que, bon gré malgré, ils nous imposèrent, les accompagnaient. Tous déclarèrent que la glace était légère, mais qu'à la rigueur, on pourrait en tenter le passage le lendemain.

Toute la famille s'était mise à cuisiner en notre honneur, et vraiment elle y réussit au delà de ce que nous pouvions espérer.

On nous servit en guise de souper une gruau épais, un morceau de lard noyé dans une purée de carottes, des œufs durs, du poisson salé; pour boisson, du lait, de l'eau-de-vie de grains, et un sirop de myrtilles fermentées, renfermé dans une vieille bouteille de madère. Ce sirop avait un faux goût de frontignan ; j'y fis fête outre mesure : en sorte que la liqueur me montant au cerveau, je tombai sur mon lit et m'endormis lourdement.

Il était tard, le lendemain, quand je me réveillai ; la bachique fumée s'était dissipée ; je ne ressentais plus de fatigue ! Nous payâmes grassement l'hospitalité du paysan ; et au milieu des bénédictions de sa famille, des cris pleins de promesses de nos guides, nous reprîmes notre voyage.

De *Grundsunda* à la mer, ou plutôt au détroit nommé *Delet*, il n'y a qué quelques centaines de pas. Mais, la route était abominable : elle passait par un petit bois inculte où l'on ne rencontrait que blocs de granit ou de glace, tas de neige, vieux troncs d'arbres déracinés. Il nous fallut au moins une heure avec nos hommes, nos chevaux et nos traîneaux pour le franchir. Beau temps, d'ailleurs, soleil splendide, dégel complet. Nos guides avaient pour chef, le fils aîné de notre hôte de Grundsunda, jeune homme brillant d'entrain et de gaieté. Il portait une casaque de laine blanche serrée autour des reins avec une ceinture de cuir, une chemise rouge, un pantalon de gros drap gris, des bottes de chasse à hautes tiges, et le grand bonnet finnois en peau de loup. Costume, on le voit, suffisamment pittoresque !

Le détroit approchait, nous le sentions à l'air qui fraîchissait, à la vapeur qui commençait à nous envelopper. Nous nous y engageâmes bravement. A peine avions-nous fait quelques pas que des craquements multipliés nous avertirent du peu de consistance de la glace. Nous dûmes renvoyer les chevaux qui tiraient nos traîneaux et les remplacer par des hommes. Un quart d'heure après nous étions obligés, nous-mêmes de descendre et de suivre à pied. Début effrayant ! Le danger ne fit que s'accroître. En vain nos guides, avec leurs lourdes sondes de fer, piquaient à droite et à gauche, cherchant un passage plus sûr ; partout, la glace cédait. Enfin, un immense craquement se fit entendre ; l'abîme s'entr'ouvrit, et, à dix pas devant nous, nous vîmes l'onde verdâtre jaillir en bouillonnant. Nous nous repliâmes vivement en arrière.

Quel parti prendre ? Le courrier opinait pour que l'on retournât à Grundsunda. Je m'y opposai.

C'était un singulier personnage que ce courrier. Il avait exercé à Stockholm, le métier d'horloger, mais trop peu adroit pour y gagner sa vie, il avait sollicité un emploi à la poste.

Il se disait très-fier de cet emploi, et pour se faire respecter il portait toujours dans ses voyages un vieux pistolet à pierre que, la plupart du temps, il oubliait de charger. Aussi bien n'était-il rien moins que belliqueux. Son mariage d'ailleurs, un mariage récent l'avait rendu mélancolique. A tout instant, il nous parlait de sa chère moitié, maudissant chaque étape qui l'en éloignait. Cependant, il ne dédaignait pas de recourir à l'eau-de-vie pour se consoler, de sorte qu'il était peu d'heures dans la journée où il ne fût ivre.

Nos guides ne lui épargnaient pas les plaisanteries ; ils se moquaient de lui, surtout quand ses avis étaient en opposition avec les nôtres. C'est qu'aussi nous les payons largement, tandis que le pauvre courrier n'était à leurs yeux que l'agent d'une corvée qui ne leur rapportait rien. Les Álandais, en effet, sont obligés pendant l'hiver de fournir un certain nombre d'hommes par *Hemman* (propriété rurale) pour le service de la poste.

Donc, il fut décidé qu'on ne retournerait point à Grundsunda, qu'on se bornerait à rebrousser seulement de trois ou quatre cents pas, et qu'ensuite par une autre route on se dirigerait vers le village de *Bergen* où l'on passerait la nuit.

Ici notre voyage tourna tout à fait au tragique. Nous nous enfonçâmes dans des gorges larges et profondes, où de gros nuages qui s'élevèrent tout à coup ne laissaient pénétrer qu'une clarté sombre ; bien qu'il fût à peine midi, on se fût cru à huit heures du soir. Et quelle glace ! Tourmentée, au moment de sa formation, par des vents furieux, elle n'offrait, dans toute son étendue qu'une succession de vagues coupées par des tas de neige que le dégel de la veille, aggravé pendant la nuit, avait transformées en flaques épaisses. On y voyait de petits blocs aigus serrés les uns contre les autres comme des pavés, des plaques rondes amoncelées en piles d'assiettes; enfin, le long des côtes, des masses gigantesques tellement déjetées et bouleversées, qu'on eût dit des carrières de marbre blanc en pleine exploitation.

Deux de nos hommes ouvraient la marche armés de leurs sondes de fer. D'autres suivaient lentement, portant nos bagages ou attelés à nos traînaux *vides* que, dans les endroits plus difficiles, nous devions encore pousser par derrière. Nous marchions en file, tenant à la main une longue corde afin que celui sous les pieds duquel la glace viendrait à fléchir fût aussitôt soutenu par les autres. A chaque minute les sondeurs criaient : Stop ! Et l'on faisait halte jusqu'à ce qu'ils eussent trouvé une voie plus ferme.

Cependant les ténèbres s'épaississaient de plus en plus ; la neige et la pluie tombaient tour à tour ; un vent glacial répercuté par les rocs de granit et les bois qui nous environnaient nous chassait au visage des débris de glaçons et s'engouffrait sous nos pelisses. Ce n'était plus un voyage, c'était une lutte affreuse contre les éléments.

Cette lutte dura trois heures. Nous mourions de fatigue et de faim. Or, *Bergen* était loin encore. Un rocher creusé en caverne se présenta devant nous. Nous y cherchâmes un abri ; et là assis sur nos malles, c'est-à-dire sur des blocs de glace, car la neige, la pluie et le froid combinés, les avaient ainsi transformées, nous attendîmes en mangeant que l'orage se fût un peu calmé. Hélas ! de toutes nos provisions apportées de Stockholm, il ne nous restait qu'un morceau de pain, deux pommes et deux verres de cognac. Nous nous les partageâmes, M. de F... et moi. Jamais peut-être, repas ne m'a été plus agréable et plus salutaire.

Quand nous arrivâmes à Bergen, le temps avait repris sa sérénité, mais, il était tard ; la lune brillait déjà en plein ciel. Nos guides, nous introduisirent dans une misérable cabane de pêcheur, où l'on nous offrit un réduit ouvert à tous les vents, garni d'une vieille table boiteuse, d'un escabeau et d'un grabat formé d'un grand coffre en bois rempli de paille.

Au lieu de dormir, ce qui, malgré la fatigue, m'eût été difficile dans un pareil gîte, je sortis, enveloppé de mes fourrures, pour voir le pays.

Le hameau de *Bergen* est un peu plus considérable que celui de Grundsunda, mais, moins bien situé. Il couvre une colline escarpée, où les maisons sont tellement enclavées entre les arbres et les rochers, qu'il est impossible de les distinguer à distance, surtout lorsqu'une neige abondante enveloppe toute la masse de son voile uniforme. Mon exploration fut vite terminée ; il me semblait qu'au milieu de cet appareil sépulcral je ne pourrais rencontrer que des spectres, et je m'en serais voulu de troubler leur silencieux mystère.

Le lendemain matin, de bonne heure, nous remontâmes en traineau pour gagner les nouveaux détroits qui se trouvent au delà de Bergen.

Après trois heures de marche, nous arrivâmes au pied d'une montagne assez élevée et couverte d'une neige profonde.

— Messieurs, nous dit un des guides, nous allons franchir cette montagne, après quoi nous rencontrerons un large détroit ouvert que nous passerons en bateau.

— Un détroit ouvert! m'écriai-je étonné.

— Oui, car de tous les détroits d'Åland, c'est celui qui gèle le dernier, et jusqu'à présent l'hiver a été si doux que cela n'est pas encore fait.

Nous commençâmes notre ascension; la neige était si épaisse que nous n'avancions qu'à grand' peine. Un trou profond s'ouvrit tout à coup, j'y tombai jusqu'aux épaules; mes hommes se hâtèrent de m'en tirer. Mais, au même moment, un bruit sourd, comme d'une avalanche, retentit à quelques pas derrière nous. C'était le courier qui venait de rouler dans un autre trou; il avait entièrement disparu.

Les hommes poussèrent un éclat de rire.

— Bon débarras? firent-ils.

— Comment! bon débarras?

— Oui, un ivroge de moins!

Et ils s'apprêtaient à continuer leur marche, sans se soucier de le sauver.

Je dus parlementer avec eux; je leur exposai qu'il ne s'agissait pas seulement du courrier, mais encore et surtout des lettres et des dépêches qu'il portait avec lui; que si ces lettres et ces depêches se perdaient ou souffraient quelque retard par leur faute, ils encourraient une grave responsabilité ; enfin je leur offris de l'argent.

Alors, s'écartant un instant, ils allèrent couper un sapin qu'ils couchèrent en travers du trou ; puis y ayant attaché une de ces longues cordes dont ils étaient approvisionnés, ils la laissèrent couler dans l'intérieur. Le courrier s'y accrocha et, en quelques secondes, il fut remonté à la surface.

Le pauvre diable était dégrisé. Il se jeta à mes pids m'appelant son sauveur, et me jurant de ne plus jamais toucher à l'eau-de-vie sans ma permission· Serment d'ivrogne qu'il tint cependant ; plus d'une fois le voyant faiblir, il me fallut le presser de se réconforter.

Quant à moi pour prévenir un nouvel accident ; mes hommes m'entourèrent le corps d'une corde solide, que deux d'entre eux prirent chacun par un bout, s'attelant ainsi littéralement à ma personne. Deux autres me poussaient par derrière. De la sorte j'atteignis le haut de la montagne où M. de F..., plus alerte que moi, m'attendait déjà avec le reste de la caravane.

— Eh bien ! dis-je, en promenant mes regards à l'horizon, où est le détroit ?

— Derrière cette autre montagne.

En effet, une seconde montagne se dressait devant nous. Nous la franchîmes plus facilement que le première et, comme on nous l'avait annoncé, arrivés au sommet, nous découvrîmes le détroit.

J'en fus vivement impressionné. Bordé aussi loin
que s'étendait la vue de rochers chauves et dé-
charnés, il se déroulait lentement ; ses eaux étaient
ternes, presque noires ; le ciel en ce moment splendide ne s'y réfléchissait pas ; un silence de mort l'enveloppait. Le vieux Styx ne devait pas être plus
lugubre.

Comment le traverser ? aucun bateau ne nous
attendait, et s'il en venait un de l'autre bord, le
moyen de le joindre ? Le débarcadère de glace qui
s'allongeait fort avant dans l'eau vive, ne s'effondre-
rait-il pas sous nos pieds ? Notre perplexité était
grande, et comme tous nos hommes s'étaient brusquement éloignés, nous en étions réduits à nos seules
réflexions. J'étais si fatigué que je m'assoupis, appuyé
contre un vieux tronc d'arbre déraciné. M. de F...
me secoua par le bras. — Mangeons quelque chose,
me dit-il, cela nous dégourdira. — Manger quoi ?
nos provisions étaient épuisées ; nous dûmes nous
contenter d'un morceau de pain noir et d'un verre
d'eau-de-vie de grains empruntés à la besace et à la
barrique de nos guides. C'était là, soit dit en pas-
sant, plus une petite boîte de beurre salé, qu'ils portaient dans la poche de leur gilet, l'unique nourriture
de ces gens pendant la route.

Tout-à-coup, de l'autre côté d'une colline, à cinq
cents pas de là, de grands cris se firent entendre.
Nos hommes en débouchaient, tirant après eux, au
pas de course, une longue caisse goudronnée, que
nous reconnûmes aussitôt pour un bateau.

En un instant, nos effets y furent placés; nous y entrâmes ensuite nous-mêmes avec quatre matelots et un pilote. Puis, d'un vigoureux effort, les hommes nous lancèrent dans le détroit à travers les glaces qui craquaient et s'abîmaient autour de nous.

Nous naviguâmes, pendant près de deux heures, au milieu d'une eau aussi calme, aussi limpide, que celle d'un lac, par un beau soir d'été. Le vent était si faible que nos matelots, laissant dormir les voiles, ne nous faisaient avancer qu'à coups de rames.

Mais bientôt le vent prit de la force, d'énormes glaçons vinrent peu à peu nous assiéger. En certains endroits ces glaçons étaient tellement serrés qu'ils formaient comme une vaste digue; il nous fallait la briser. Vis-à-vis d'un village appelé *Motsaga*, où le courrier devait prendre des lettres, notre position devint encore plus critique. Le village n'était qu'à trente pas; ce fut une lutte de plus d'une heure pour y aborder. Plus tard, à la nuit tombante, un autre phénomène se produisit. Le détroit commençait sérieusement à se prendre; mais ce n'était point encore la glace, c'était une pâte épaisse, gluante, dernière condition de l'eau avant d'être solidifiée. Comment naviguer dans un pareil milieu? Nos gens demandèrent grâce.

— Si nous continuons seulement une heure avec le froid qu'il fait, nous dirent-ils, nous n'en sortirons plus. Nous prîmes donc le chemin le plus court pour atteindre le rivage et nous débarquâmes en face d'un petit endroit nommé *Séglinge*.

La maison où l'on nous conduisit dépassait en mi-

sère tout ce que nous avions vu jusqu'alors. Chose
incroyable ! le bois, le gros bois y manquait, on ne
s'y chauffait qu'avec des branches sèches et des
broussailles. Ceci nous décida à ne point quitter la
chambre commune : l'âtre ouvert y montrait du
moins une flamme pétillante, tandis que le poële
massif de la pièce où l'on nous établit, dévorait sans
résultat le combustible dérisoire que l'on y entassait;
il eût fallu toute la nuit pour l'attiédir un peu.

Je m'approchai de la maîtresse de la maison, et
lui demandai ce qu'elle pouvait nous donner à manger.

Elle ouvrit de grands yeux.

— Comment, lui dis-je, est-ce qu'on ne mange pas
ici ?

— Pardon, mais...

— Avez-vous des œufs ?

— Non.

— De la viande ?

— Non.

— Du poisson ?

— Oui, quelques perches, péchées de ce matin, et
une douzaine de *Strömmings*.

— Et des légumes ?

— Des choux et des pommes de terre.

Force fut de nous arranger de cette maigre pi-
tance ; sur mon indication la bonne femme nous pré-
para une soupe au poisson, qui se fondit totalement
au milieu des choux et des pommes de terre. Elle y
ajouta un morceau de beurre qu'elle tira mystérieu-
sement du fond d'une armoire où elle le gardait

comme un trésor. Le souper terminé, nous demandâmes des lits.

Des lits! Il n'y avait dans la maison, ni couchettes, ni matelas, ni paillasses, seulement quelques lambeaux de couvertures. On les entassa avec tout ce que la famille possédait de vieilles hardes sur les deux bancs qui formaient le principal ameublement de notre chambre, et l'on nous souhaita bonne nuit.

Le matin à l'aube un grand bruit me réveilla en sursaut. Je me levai, m'enveloppai de ma fourrure, et courus ouvrir la porte. C'était une grosse fille, à la taille géante, à la figure de Cosaque, qui luttait à coups de pieds et de poings contre nos matelots que des libations d'eau-de-vie prolongées pendant toute la nuit avaient mis en gaieté.

Mon apparition mit fin au combat : la virago se sauva dans sa cuisine, et les galants, ôtant leur casquette, s'approchèrent de moi, me demandant à quelle heure nous voulions partir. « Nous avons ici, ajoutèrent-ils, tous les camarades dont vous avez besoin. »

Je leur donnai mes ordres et rentrai pour prévenir M. de F...

Au bout d'un quart d'heure, nous étions sur la route de *Kumlinge*.

Le village de Kumlinge, situé à vingt-cinq kilomètres de Wargata, n'avait rien de commun avec les tristes localités que nous venions de traverser. Nous y trouvâmes une station confortable, où une femme à la mine avenante nous servit un café brésilien des plus parfumés. Nos hommes, nous ayant demandé si nous les gardions encore à notre service, le chef de la station nous fit un signe qui voulait dire : « N'acceptez pas, ils vous trompent. » En effet, sur les explications qu'il nous donna, il nous fut facile de constater que tous ces gens là n'étaient que d'indignes exploiteurs. La plupart des détours où ils nous avaient engagés étaient inutiles; et s'ils nous avaient dupés pendant si longtemps, c'est qu'ils regardaient notre bourse comme une vache à lait intarissable.

Nous formâmes donc une nouvelle caravane; l'honnête aubergiste de Kumlinge se mit à la tête et nous partimes.

Nos premiers pas furent alertes et joyeux. Nous foulions la terre ferme; nos chevaux galopaient. Arrivés sur la glace, notre élan grandit encore; cette glace déjà ancienne était solide et sûre. Mais soudain, la physionomie de nos guides se rembrunit; à leurs gais propos succéda un morne silence.

— Qu'avez-vous? leur dis-je, le chemin ne sera-t-il pas toujours aussi beau ?

Alors le chef de la troupe, nous montrant au loin devant nous une vaste surface blanche comme l'acier.

— Voyez-vous ce détroit? c'est le *Skiftet*. Nous l'avons traversé hier en bateau ; le voilà gelé, maintenant; mais qui sait si la glace tiendra.

— Il faut essayer, affirmai-je, d'un ton résolu.

Quelques minutes après, nous arrivions sur la glace désignée, glace qui ne ressemblait nullement aux précédentes. Formée par un temps calme, et n'ayant encore été secouée par aucune tempête, elle était aussi polie qu'un miroir. Pas le moindre pli, ni le plus léger flocon de neige à sa surface. Mais cette glace si belle n'en était que plus dangereuse. Chaque coup de sonde en brisait la croûte et faisait jaillir l'eau. Avant d'aller plus loin, nous tînmes conseil.

Divers modes de locomotion furent proposés. D'abord, les bataeux à glace *(isbatar)*, c'est-à-dire ces bateaux à double fin, glissant sur la glace ou flottant sur l'eau, suivant les accidents de la route; puis la longue corde dont nous nous étions déjà servis. Un des guides conseilla de se coucher à plat ventre sur une planche, pour la pousser ensuite en avant à l'aide des mains armées de crochets ou de couteaux. Ce dernier moyen est employé par les Ålandais, en cas d'urgence. Après une longue délibération, on s'arrêta à la corde; le chef nous invita seulement à redoubler de circonspection et de prudence.

Nous voilà engagés de nouveau. Dire l'émotion qui nous étreignait serait impossible. Il fallait, je ne dirai pas, marcher, mais traîner les pieds tant la croûte était glissante. La moindre secousse à droite ou à gauche pouvait causer une chute et ouvrir l'abîme. Quelle difficulté, cependant, de conserver son aplomb! La glace ondulait; on eût dit d'une toile en caoutchouk. Chaque coup lointain du sondeur nous faisait tressaillir. Quatre fois je me sentis perdre pied; je me cramponnais à la corde, mais hélas! l'état de la congélation étant partout le même, à la première crevasse, la masse entière se fût effondrée et pas un de nous n'eût été sauvé. Les fastes d'hiver des iles d'Åland sont pleins de ces aventures tragiques. Oh ! comme alors, je regrettais nos ennuis de Grisslehamn, notre tempête sur la mer; nos montagnes de neige, toutes les horreurs dont nous avions si cruellement souffert ! Dans ma surexcitation, et pour me donner du courage j'avalai d'un seul trait, une bouteille d'eau-de-vie ; ni ma tête, ni mon estomac n'en furent troublés.

Quatre heures s'étaient déjà écoulées depuis notre départ.

— *Stop !* crièrent les sondeurs.

Tout le monde s'arrêta ; puis, quelques hommes, armés aussi de sondes, se portèrent en avant ; car la glace continuait tellement de s'amollir qu'avant de passer outre, il était nécessaire de l'explorer sur une plus grande étendue. Nous restâmes à les attendre, M. de F... et moi, debout près de nos bagages, n'osant faire un mouvement, retenant notre haleine. Et la nuit commençait à tomber, le froid à piquer violemment.

L'exploration dura plus d'une heure. Triste en fut le résultat : nos hommes revinrent déclarant que sur aucun point de la ligne, le passage n'était praticable.

— Qu'allons-nous faire alors ? demandai-je.

— Rebrousser chemin jusqu'à *Enklinge*.

— Où est Enklinge ?

— Ici, en face, nous y serons dans deux heures.

— Deux heures ! mais, c'est impossible.

— En ce cas, il nous faut rester ici jusqu'à demain matin ; le froid qui augmente aura suffisamment raffermi la glace.

Evidemment ce dernier parti était innacceptable. Nous ne nous souciions, ni M. de F..., ni moi, de passer toute une nuit, en plein air, sur une couche de glaçons.

— Va pour Enklinge ! fis-je d'un ton résigné.

Nous y arrivâmes péniblement, mais sans trop de difficulté. Chemin faisant, nos guides nous encourageaient en nous promettant bon souper et bon gite. Nous savions depuis longtemps à quoi nous en tenir sur ces belles assurances.

Enklinge n'était à tous égards, qu'un second exemplaire de Seglinge. Nous y passâmes la nuit sans dormir. Mais qu'importait ! Nous n'en fûmes que plus tôt prêts le lendemain matin à nous remettre en route.

Chose merveilleuse ! Cette glace, si faible la veille, se fortifia tellement en quelques heures que nos traîneaux purent y glisser comme sur la terre ferme ; nos chevaux galopaient. De la sorte nous arrivâmes aux stations de *Brando,* puis de *Wartsala*, enfin de *Helsinge :* une course rapide de soixante kilomètres. Les îles d'Åland étaient franchies ; nous étions en Finlande.

FIN

TABLE DES MATIÈRES

—

Mon premier séjour en Finlande. — Helsingfors. — Détails
statistiques. — Aspect de la ville. — Singulier mode
d'éclairage. — Le comte Moussine Pouschkine et sa
famille. — Mme Aurore Demidoff. — Treskenda et son
lit pyramidal. — Fin de la villégiature. — Retour en
ville. — Luxe des maisons en bois. — Mes fonctions
officielles et mes études personnelles. — Soirées intimes. — Le vieux baron et le *Dictionnaire de la
conversation*. — Souvenir tragique. — La tabatière à
face de cadavre. — La comtesse Pouschkine et sa
sœur. — Le diamant de Mme Demidoff. — Son histoire
vraie. — Moyen d'échapper aux soirées ennuyeuses.
— Théâtre de société. — Organisation d'une troupe à
la française. — La haute société sur les planches. —
Dîner d'acteurs chez le comte Armfelt. — Mes travaux
sur la langue et la littérature finnoises. — Fête de Noël à
la mode de Finlande. — Souper national. — Cadeaux
symboliques. — Le mystère de l'Étoile. — Un colonel
qui fait de la tapisserie. — Le divorcé au désespoir.